Découvrez l'histoire par les archives de presse

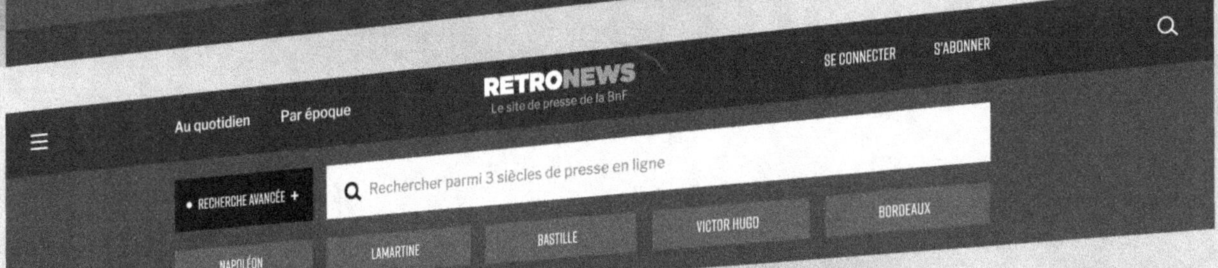

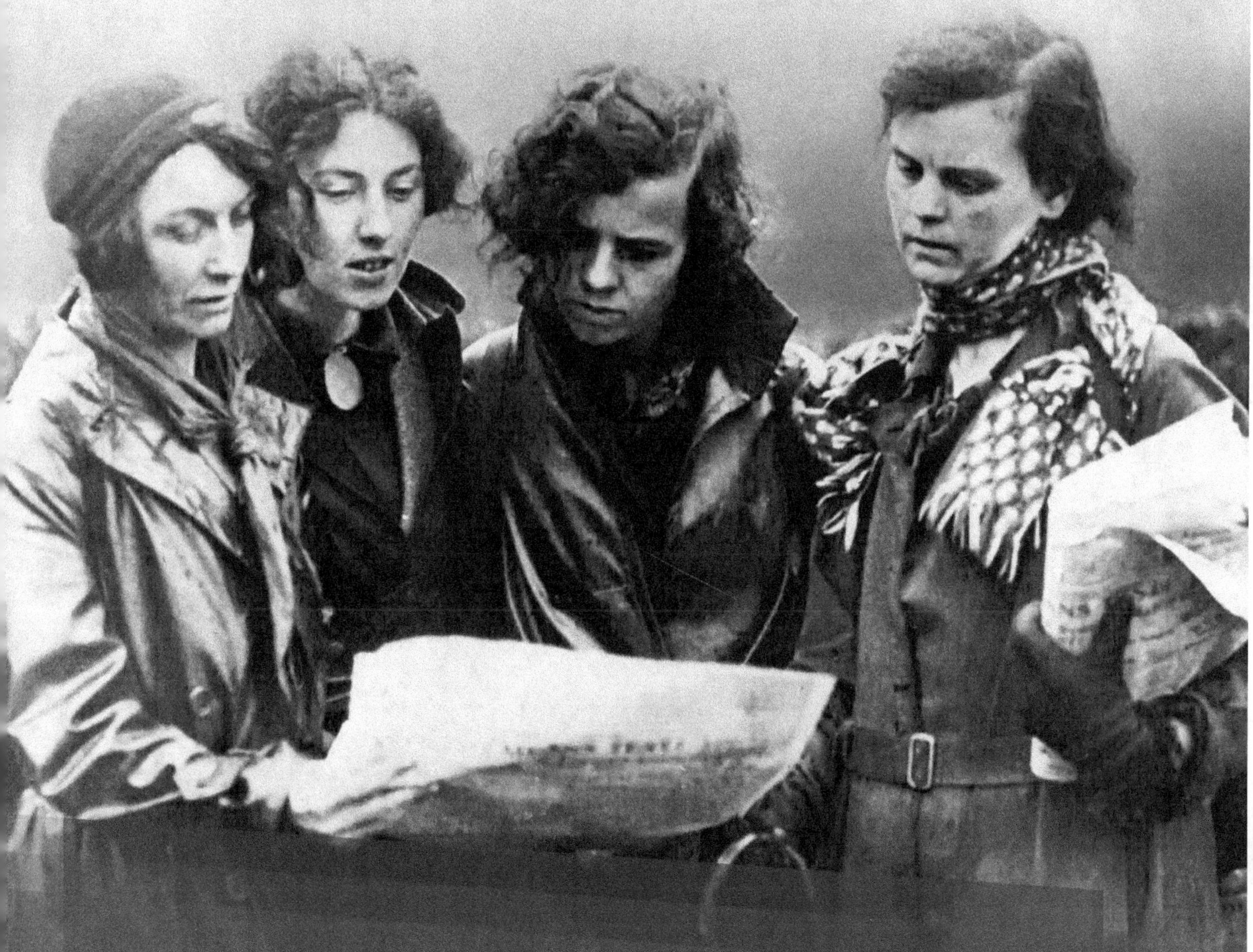

RETRONEWS
Le site de presse de la BnF

www.retronews.fr

ACTES

DE L'ACADÉMIE ROYALE

DES SCIENCES, BELLES-LETTRES ET ARTS

DE BORDEAUX.

Bordeaux. — Imprimerie de HENRY FAYE, rue Sainte-Catherine, 139.

ACTES

DE

L'ACADÉMIE ROYALE

DES SCIENCES, BELLES-LETTRES ET ARTS DE BORDEAUX.

—

QUATRIÈME ANNÉE.

4me trimestre

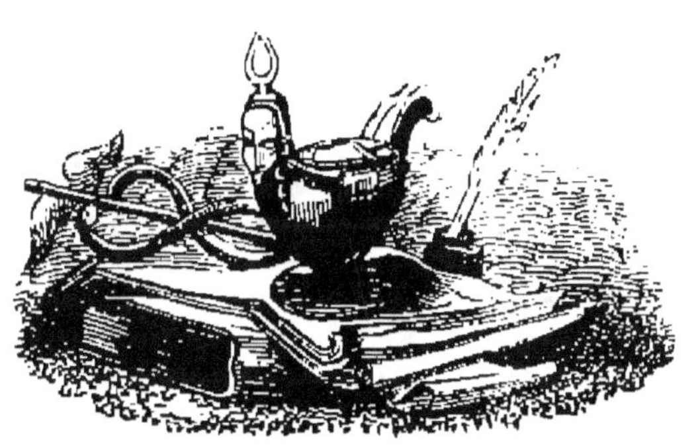

A BORDEAUX,

CHEZ CHARLES LAWALLE, ALLÉES DE TOURNY, N° 26;

A PARIS,

CHEZ AIMÉ ANDRÉ, LIBRAIRE, RUE CHRISTINE, N° 1.

TABLEAU

DES

MEMBRES DE L'ACADÉMIE ROYALE DE BORDEAUX,

POUR L'ANNÉE 1843.

—

MEMBRES HONORAIRES.

MESSIEURS

BLANC-DUTROUILH, ancien membre résidant.

BORY DE SAINT-VINCENT (LE BARON), membre de l'Institut de France.

BRETEUIL (LE COMTE DE), ancien préfet de la Gironde.

BRYAS (LE MARQUIS DE), ancien maire de Bordeaux.

CURZAY (LE VICOMTE DE), ancien préfet de la Gironde.

DESCHAMPS, inspecteur général des ponts et chaussées, ancien membre résidant.

D'HAUSSEZ (LE BARON), ancien préfet de la Gironde.

JOHNSTON (DAVID), ancien maire de Bordeaux.

LACOSTE (DE), ancien préfet de la Gironde.

LOZE (P.-L.), chimiste, ancien membre résidant.

PREISSAC (LE COMTE DE), ancien préfet de la Gironde, pair de France.

SERS (LE BARON), préfet de la Gironde, conseiller d'État.

YZARD, conseiller à la cour royale de Bordeaux, ancien membre résidant.

MEMBRES RESIDANTS.

MESSIEURS

1796. DUTROUILH, docteur en médecine.

1811. VIGNES (R.), propriétaire.

1814. LACOUR, ancien directeur de l'Académie de dessin et de peinture, correspondant de l'Institut de France (Académie des beaux-arts).

1818. JOUANNET, bibliothécaire de la ville, correspondant de l'Académie des inscriptions et belles-lettres.

1819. BOURGES, docteur en médecine.

1820. BILLAUDEL, ingénieur des ponts et chaussées, député de la Gironde.

1821. LATERRADE, professeur d'histoire naturelle.

1823. DUCASTAING, docteur en médecine.

1823. GINTRAC, professeur à l'École de médecine.

1823. GRATELOUP, docteur en médecine.

1823. SAINCRIC (DE), profess. à l'École de médec^{ne}.

1823. DARRIEUX FILS, notaire licencié.

1826. DURAND, architecte de la ville de Bordeaux.

1828. MARCHANT (Léon), docteur en médecine.

1831. LANCELIN, professeur de l'École de marine.

1832. GUESTIER junior (P.-F.), négociant.

1832. GUICHENET, médecin vétérinaire.

1833. SÉDAIL, professeur.

1833. CHAIGNE, professeur.

1833. MAGGESI, statuaire de la ville.

1836. FAURÉ, pharmacien-chimiste.

1836. LEMONNIER (Ch.), avocat.

1837. PETIT LAFITTE, professeur d'agriculture.

1837. DÉGRANGES (E.), docteur en médecine.

1837. RABANIS, professeur d'histoire et doyen de la Faculté des lettres.

1838. VALAT, professeur de mathématiques au Collége royal de Bordeaux.

1839. COLLEGNO (de), doyen de la Faculté des sciences de Bordeaux.

1839. VALADE-GABEL, directeur de l'École royale des Sourds-Muets.

1839. GOUT DESMARTRES, avocat.

1841. BRUNET (Gustave), homme de lettres, à Bordeaux.

1841. MICHEL (Francisque), professeur à la Faculté des lettres.

1842. ABRIA, professeur de physique à la Faculté des sciences.

1842. MAGONTY, professeur de chimie.

1842. LAMOTHE (Léonce de).

1842. BOUCHERIE, docteur en médecine.

1842. DESMOULINS (Charles), naturaliste.

MEMBRES CORRESPONDANTS.

MESSIEURS

ADELER, mathématicien, à Lamothe-Boutiran, département de la Gironde.

ALLOU, ingénieur en chef des mines, à Paris.

BALBI (ADRIEN), littérateur, à Paris.

BAREYRE, médecin vétérinaire, à Agen.

BARRAU, professeur de rhétorique, à Niort.

BEAULIEU, antiquaire, à Paris.

BERTRAND, docteur en médecine, aux eaux du mont d'Or.

BONNET DE LESCURE, officier du génie maritime, à Rochefort.

BOUCHARLAT, littérateur, à Paris.

BOUCHEREAU JEUNE, correspondant agricole, à Carbonnieux.

BLONDEAU (LOUIS DE), naturaliste, à Estillac, près d'Agen.

BOUILLET (JEAN-BAPTISTE), naturaliste, à Clermont-Ferrand, département du Puy-de-Dôme.

CAPDEVILLE-LILLET, propriétaire, à Barsac.

CASTAIGNE (EUSÈBE), bibliothécaire, à Angoulême.

CAVENTOU, chimiste, à Paris.

CAZADE, correspondant agricole, à Montagoudin, près de La Réole.

CAZEAUX, propriétaire, correspondant agricole, à Béliet.

CHAPUIS DE MONTLAVILLE (BARON), littérateur, député de Saône-et-Loire.

CHEVALIER, pharmacien-chimiste, à Paris.

CHRÉTIEN (THÉODORE), peintre, à Nérac.

CONTENCIN (DE), secrétaire général du département du Nord, à Lille, ancien membre résidant.

COTARD, homme de lettres, à Pons (Char.-Infér.)

COUERBE, chimiste, à Verteuil, en Médoc, arrondissement de Lesparre.

D'ABRAHAMSON, homme de lettres, à Copenhague.

DAGUT, astronome, à Rennes.

DARMAILHAC, correspondant agricole, à Pauillac.

DELAPYLAIE, naturaliste, à Faugère, département d'Ille-et-Vilaine.

DEMOGEOT, professeur de rhétorique au Collége royal de Lyon.

DÉPIOT-BACHAN, correspondant agricole, à Saucats.

DROUOT, ingénieur des mines, à Lille, ancien membre résidant.

DUBROCA, docteur médecin, correspondant agricole, à Barsac.

DUFAU FILS, directeur des Jeunes-Aveugles, à Paris.

DUMÈGE, ancien ingénieur militaire, à Toulouse.

DUPIERRIS, médecin, à la Nouvelle-Orléans.

DUPLAN, ancien capitaine d'artillerie, à Castelmoron, département de la Haute-Garonne.

DUVIVIER (ANTONY), archéologue, à Nevers.

ESPIC, littérateur, à Sainte-Foy.

EUSTACHE, inspecteur divisionnaire des ponts et chaussées, à Paris.

FABRE, médecin-agriculteur, à Tonneins.

FAURE, docteur médecin militaire, à Strasbourg.

FOURNIER-DÉSORMES, littérateur, à Chartres.

GINDRE (JULES), ingénieur des mines, à Bayonne.

GIRARD DE CAUDENBERG, ingénieur des ponts et chaussées, à Saint-Malo.

GIRARDIN (J.), chimiste, à Rouen.

GROSSE (L'ABBÉ), curé de Freminville, près Nancy.

GUILLAND, capitaine d'artillerie, à Belley.

GUILLON, médecin, correspondᵗ agricole, à Rauzan.

HOMRRES-FIRMAS (BARON D'), homme de lettres, à Alais.

HOUSSET, correspondant agricole, à Pessac.

HEMSKEERCH, avocat, à Amsterdam.

HAMEAU, docteur médecin, à La Teste de Buch.

IVOY, correspondant agricole, au Pian.

JASMIN, littérateur, à Agen.

JAURIAS (DE), docteur médecin, correspondant agricole, à Libourne.

JOUBERT, correspondant agricole, à Paris.

KERCADO (LE COMTE DE), correspondant agricole, à Gradignan.

LADOUCETTE (BARON DE), député, à Paris.

LAFERRIÈRE, avocat, professeur à la Faculté de droit de Rennes.

LAFARGUE, docteur médecin, à Valparaiso.

LAGATINERIE (DE), commissaire de la marine, à Bayonne.

LANET (ÉDOUARD), littérateur, à Paris.

LASTEYRIES (DE), homme de lettres, à Paris.

LATOUR-DU-PIN (R. DE), lieutenant-colonel du 44e régiment, ancien membre résidant.

LEGUAI, docteur médecin, correspondant agricole, à Saint-Aubin, canton de Saint-André de Cubzac.

LERMIER, commissaire des poudres et salpêtres, à Vonges, près de Pontarlier, département de la Côte-d'Or.

LEROY (F^d), préfet du département de l'Indre, ancien membre résidant.

LESSON, naturaliste, à Rochefort.

LEVI (ALVAREZ), professeur d'histoire et de littérature, à Paris.

LIMOUSIN-LAMOTHE, pharmacien, à Alby.

MAILLARD DE CHAMBURE, homme de lettres, à Semur.

MALLE, professeur agrégé de la Faculté de médecine de Strasbourg.

MALO (CHARLES), littérat^r, à Belleville, près de Paris.

MARCEL DE SERRES, naturaliste, à Montpellier.

MARTIN, docteur médecin, à la Paez.

MÉTIVIER (LE COMTE DE), archéologue, à Saint-Pau, près de Nérac.

MICHAUD, naturaliste, officier au 10e rég^t de ligne.

MICHELOT, ancien officier du génie, ancien chef d'institution, à Paris.

MILLER (L'ABBÉ), curé de Lugon et de l'île de Carney, près de Libourne.

MOLLEVAUT, littérateur, membre de l'Institut de France, à Paris.

MONNIER, homme de lettres, à Toulouse.

MOREAU (Césaр), homme de lettres, à Paris.

MOREAU de JONNES, naturaliste géographe, membre de l'Institut de France, à Paris.

NAYRAL (Magloire), littérateur, juge de paix, à Castres, département du Tarn.

PÉCOUL, président de la Société d'agriculture et d'économie rurale de la Martinique.

PERNET, directeur du Collége de Salins.

RAFFENEAU de LISLE, professeur de botanique de la Faculté de médecine de Montpellier.

RAFN (Ch.-Chrétien), professeur de philosophie, à Copenhague.

RANQUE, docteur médecin, à Orléans.

RICHARD (David), directeur de l'asile des aliénés de Stephensfeld (Bas-Rhin).

RIFAUD (J.), homme de lettres, à Paris.

ROBINET, professeur du cours d'industrie séricicole, à Paris.

ROOSMALEN (de), professeur de littérature, à Paris.

SAINT-DENIS, propriétaire, à Besançon.

SAINT-DIZIER, homme de lettres, à Lesparre

SAUGER-PRENEUF, littérateur, à Limoges.

SIGOYER (Antonin de), homme de lettres, ancien membre résidant.

SILVELA, jurisconsulte, à Madrid.

SISMONDA (Eugène), docteur médecin, à Turin.

SOYER-WILLEMET, naturaliste, à Nancy.

TARNEAUD, chef d'institution, à Limoges.

TARRY, médecin, à Agen.

TUPPER, naturaliste, à Paris.

VALERNES (LE VICOMTE DE), homme de lettres, à Apt, département de Vaucluse.

VALLOT, médecin, à Dijon.

VAUVILLIERS, inspecteur divisionnaire des ponts et chaussées, à Paris.

VIEN (Mme CÉLESTE), littérateur, à Paris.

VINGTRINIER, médecin des prisons de Rouen.

VIVENS (LE VICOMTE DE), propriétaire, à Clairac.

WAINS-DESFONTAINE, professeur au Collége de Villeneuve-sur-Lot.

OFFICIERS

DE L'ACADÉMIE DE BORDEAUX,

pour l'année 1843.

—

MESSIEURS

DE COLLEGNO, *Président*.
E. DÉGRANGES, *Vice-Président*.
VALADE-GABEL, *Secrétaire général*.

PETIT-LAFITTE,
DURAND,
GOUT DESMARTRES,
LÉONCE DE LAMOTHE, } *Secrétaires-adjoints*.

FAURÉ, *Trésorier*.
BRUNET, *Archiviste*.

BOURGES,
GRATELOUP,
LÉON MARCHANT,
VALAT,
LEMONNIER,
N......... } *membres du Conseil d'administration*.

ADRESSES

DES MEMBRES RÉSIDANTS

—

1 ABRIA, rue Dufau, 8.
2 BILLAUDEL, rue Tronqueyre, 42.
3 BOUCHERIE, rue Judaïque Saint-Seurin, 11.
4 BOURGES, place de la Comédie, 48.
5 BRUNET (GUSTAVE), rue Esprit-des-Lois, 10.
6 CHAIGNE, rue Croix de Seguey, 60.
7 COLLEGNO (DE), cours du Jardin-Public, 54.
8 DARRIEUX, fossés de l'Intendance, 35.
9 DÉGRANGES, rue Sainte-Catherine, 25.
10 DESMOULINS (CHARLES), rue de Gourgues, 26.
11 DUCASTAING, cours de Tourny, 37.
12 DURAND, rue Michel, 6.
13 DUTROUILH, fossés Saint-Éloi, 30.
14 FAURÉ, fossés Bourgogne, 60.
15 GINTRAC, rue du Parlement-Sainte-Cather., 22.
16 GOUT DESMARTRES, Chemin de S^t. Genès, 38.
17 GRATELOUP, rue de la Grande-Taupe, 18.
18 GUESTIER JUNIOR, pavé des Chartrons, 39.

19 GUICHENET, rue d'Orléans.
20 JOUANNET, rue Saint Dominique, 2.
21 LACOUR, rue des Grandes-Carmélites, 4.
22 LAMOTHE, rue Servandoni, 3.
23 LANCELIN, cours de Tourny, 38.
24 LATERRADE, au Jardin des Plantes.
25 LEMONNIER, rue des Trois-Conils, 35.
26 MAGGESI, rue Condillac, 62.
27 MARCHANT, rue Vauban, 8.
28 MICHEL (Francisque), r. du Parl.-St-Pierre, 10.
29 MAGONTY, rue Margaux.
30 PETIT-LAFITTE, cours d'Aquitaine, 49.
31 RABANIS, rue du Champ-de-Mars, 14.
32 SAINCRIC, rue Bouffard, 37.
33 SÉDAIL, rue Croix de Seguey, 60.
34 VALADE-GABEL, rue des Religieuses, 30.
35 VALAT, rue Ségur, 10.
36 VIGNES, rue Sainte-Catherine, 75.

ORGANISATION DE L'ACADÉMIE

PAR SECTIONS,

conformément au titre V du Règlement.

—

Iʳᵉ SECTION.

Sciences Mathématiques, Physiques et Chimiques.

Huit Membres.

Messieurs

LANCELIN, *président*.	ABRIA.
BILLAUDEL.	MAGONTY.
FAURÉ.	BOUCHERIE.
VALAT.	

IIᵉ SECTION.

Sciences Naturelles et Agricoles.

Dix Membres.

Messieurs

VIGNES (Raymᵈ), *présid.*	GUICHENET.
DE COLLEGNO.	LATERRADE.
DUTROUILH.	PETIT-LAFITTE
DESMOULINS (Charles).	

ADJOINT.

M. GRATELOUP.

470

IIIe SECTION.

Sciences Physiologiques et Médicales.

Dix Membres.

Messieurs

BOURGES, *président.*	GRATELOUP.
DÉGRANGES (Émile).	MARCHANT (Léon).
DUCASTAING.	DE SAINCRIC.
GINTRAC.	

IVe SECTION.

Sciences Morales et Historiques.

Sept Membres.

Messieurs

JOUANNET, *président.*	LEMONNIER.
DARRIEUX.	RABANIS.
GUESTIER junior.	MICHEL (Francisque).

ADJOINT.

M. BRUNET.

Ve SECTION.

Langues et Littérature, Beaux-Arts et Technologie.

Dix Membres.

1° *Partie Littéraire.*	2° *Partie des Beaux-Arts.*
Messieurs	Messieurs
VALADE-GABEL, *président.*	DURAND.
SÉDAIL.	LACOUR.
CHAIGNE.	MAGGESI.
GOUT DESMARTRES.	
BRUNET (Gustave).	
LAMOTHE (Léonce).	

DISCOURS

PRONONCÉ

PAR M. FERDINAND LEROY,

Président de l'Académie.

—

Messieurs,

Vers la fin du xviiᵉ siècle, dans une des plus importantes villes du royaume, dans une riche cité toute
occupée des soins de ses exploitations maritimes, alors
que les sociétés littéraires étaient encore inconnues,
quelques hommes appartenant aux plus honorables familles de la magistrature et du barreau se réunissaient
pour causer librement sciences, littérature, arts libéraux, et joindre à ces entretiens familiers le délassement
de la musique. Les conférences de la docte et modeste as-

semblée eurent bientôt un salutaire retentissement, le goût des travaux intellectuels se propagea au milieu d'une population jusque-là purement adonnée aux spéculations du commerce ; ce petit cercle s'étendit peu à peu et fit de nombreux adeptes ; ceux qui le composaient sentirent le besoin de se constituer régulièrement, et ils demandèrent à cet effet (1708) des lettres patentes au chef de l'état, car, ainsi que le disent ces mêmes lettres patentes, « *les assemblées scientifiques ne peuvent avoir toute leur perfection si elles manquent de fondement solide par le défaut de l'autorité royale.* »

Cette ville, Messieurs, c'était Bordeaux ; ces gens de lettres, ces hommes de bonne volonté, ces heureux novateurs, c'était l'élite de la jeunesse d'alors, MM. de Sarraut, de Gasc, de Meslon, Caupos, Barbot, Leberthon, Navarre ; ces lettres patentes, celles que Louis XIV signa dans son palais de Fontainebleau, le 5 septembre 1712, pour l'établissement de votre Académie, et que le parlement enregistra le 3 mai 1713 [1].

Ainsi prit naissance dans la ville de Bordeaux une des plus anciennes sociétés savantes de France, ainsi apparut pour la première fois une institution qui devait devenir si féconde, et s'étendre non-seulement dans cette contrée, mais dans toutes les parties du royaume.

Les statuts de l'Académie royale des sciences, belles-lettres, et arts de Bordeaux, modifiés suivant les exi-

---

[1] Voir le texte des lettres patentes à la suite de ce discours.

gences des temps, d'abord en 1740, puis à l'époque de la révolution, ensuite en 1808, 1824, 1828, et en dernier lieu 1838, ont cependant conservé leurs dispositions fondamentales.

Instituée pour propager le goût des lettres et des sciences, et aider à leur développement, votre Société ne faillit à aucune des obligations que lui imposaient la bienveillance du monarque et le concours si favorable de l'opinion publique. Ses succès ne se firent pas longtemps attendre; elle compta bientôt dans son sein Montesquieu, Tourny, et Voltaire lui-même; sur tous les points de la France, les hommes les plus illustres s'associèrent à ses travaux; dès lors on comprit qu'elle était destinée à servir de pépinière à toutes les sociétés savantes de ce pays. En effet, que ces réunions aient choisi pour objet particulier de leurs recherches l'agriculture, la botanique, l'horticulture, l'archéologie, la médecine, les perfectionnements industriels, la musique, elles ne sont elles-mêmes que des conséquences du principe posé en 1712 par l'établissement de votre compagnie. Elle seule posséda longtemps l'honneur d'imprimer le mouvement scientifique et littéraire, et de contribuer au progrès des lumières. Aujourd'hui qu'à sa voix et à son exemple plusieurs associations analogues ont surgi à ses côtés, il ne sera pas inutile de rechercher en quelques mots comment elles se réfèrent par la force des choses aux diverses attributions de l'Académie, et comment l'Académie elle-même, leur prêtant l'appui de son expérience et de ses découvertes, avait devancé leur établissement.

Je suivrai dans cet examen l'ordre des dates, et laisserai de côté vos travaux les plus récents; ils sont tous présents à votre mémoire. C'est au delà de vingt ans que je veux aller chercher mes preuves, afin de vous rappeler en même temps les efforts que firent nos devanciers et nos plus anciens collègues pour contribuer au progrès dans toutes les branches des connaissances humaines.

Je parcourrai successivement ce qui concerne les Sociétés de médecine, — philomathique, — linnéenne, —philharmonique, — des monuments historiques, — d'horticulture, — d'agriculture, — séricicole (projetée), — et les objets d'utilité publique.

Société de médecine,

fondée en l'an 6 (1798).

La Société de médecine a été fondée par arrêté de l'administration centrale du département, en date du 18 prairial an 6. — En 1809, un décret impérial reconnut encore son existence légale consacrée définitivement le 18 avril 1814. — Des recherches historiques dues à notre collègue M. Dégranges font remonter l'origine du collége de chirurgie à l'année 1756, sous le règne de Louis XV, et celle de la Société de médecine à une époque antérieure. Mais ces mêmes investigations établissent que cette Société ne s'occupait pas académiquement de son art, ou, en d'autres termes, qu'elle ne se livrait pas encore à des études théoriques.

'Cet avantage appartient à l'Académie de Bordeaux

qui répandit le goût des sciences médicales proprement dites près d'un siècle avant la Société de médecine. En l'année 1726, l'Académie comptait parmi ses membres, qui n'étaient encore que vingt, huit médecins (MM. Bellet, Cardoze, Doazan, Grégoire, Bellet fils, Bouillet, Roquès, tous docteurs en médecine). Elle abordait dès lors les plus hautes questions de l'art de guérir, et s'occupait en 1756 d'un traité sur l'inoculation de la petite vérole. En se reportant à une époque plus rapprochée, nous voyons que dès 1819 M. le docteur Gintrac avait donné son essai si remarquable sur l'instinct, ses phénomènes, ses rapports essentiels, ses lois, et son origine. En 1820, le célèbre Caillau avait écrit sur toutes les branches de l'art médical, des ouvrages estimés. L'Académie possède aujourd'hui dix docteurs en médecine. En 1828, cinquante prix, dont trente-quatre furent décernés, avaient été déjà proposés pour des questions de médecine et de physique.

Société philomathique,

fondée en 1803.

Une société formée à Bordeaux en 1803 sous le titre de *Société Philomathique,* reconstituée en 1808, et ensuite en 1834, s'est placée très-haut dans l'estime publique par d'utiles fondations; disons de suite que plusieurs membres de l'Académie lui ont prêté et lui prêtent encore l'appui de leurs efforts dans les cours publics qu'elle a institués. Je citerai MM. Lartigue, Leupold, Lacour, Lancelin, et Valat. On ne saurait trop louer les cours gratuits et publics pour les adultes que cette Société a fondés et les expositions industrielles qu'elle a provoquées dans ces dernières années; mais je ne puis m'empêcher de rappeler qu'en 1820 vous en aviez posé vous-mêmes les jalons. Un rapport de MM. Billaudel, Lescan, et Guitard, traçait un tableau complet de tous les perfectionnements, de toutes les innovations industrielles, dignes des encouragements de la cité. La publicité donnée à cette revue scientifique imprima un grand essor aux nouvelles découvertes. — L'Académie offrit des prix pour tous les genres d'industrie, et, deux ans après, le concours qui eut lieu signala un immense progrès. Voici tous les sujets compris au programme de 1820 :

Construction des vaisseaux, — bateaux à vapeur[1], — cloche à plonger[2], — machine à broyer le chanvre, — fabrication des cordages, — câbles en fer, — fabrication de tonneaux, — de bouchons en liége, — distillations des eaux-de-vie, — raffinage du sucre, — noir animal, — gélatine, — formes à sucre, — vivres pour les gens de mer, — eaux clarifiées et dépurées, — moulins, — couverture des édifices, — arts métallurgiques, — produits chimiques, — indiennes, — lampes, — eaux minérales, — résine et goudron, — arts divers, — marbres, — charronnage, — poteries en

---

[1] Une médaille avait été accordée en 1818 à M Church, importateur de ces bateaux sur la Garonne et la Gironde.

[2] M. Billaudel fit sur ce sujet un rapport remarquable, accompagné de notes scientifiques et historiques, 1820.

faïence, — vase de la Garonne propre à la fabrication, — instruments de musique, — filature, — lithographie, etc.

Il faut ajouter, Messieurs, qu'en 1820 des prix de peinture furent décernés par vous comme pour prouver qu'aucun des arts libéraux ne pouvait rester en dehors de votre protection et de vos récompenses.

Vous avez ainsi contribué à répandre l'utile émulation à laquelle la Société Philomathique a dû en partie les expositions dont cette ville doit être fière et reconnaissante. En 1828, vous aviez déjà donné treize prix pour les arts mécaniques, chimiques, et industriels.

Société Linnéenne,

fondée en 1818.

Cette Société fut fondée en 1818 par notre collègue, M. Laterrade père, et composée en grande partie de jeunes botanistes, ses élèves, réunis sous sa présidence.

Les utiles travaux de cette Société avaient été dès longtemps précédés, au sein de l'Académie, par les publications de MM. Laterrade et Raymond Vignes. M. Géraud avait déjà composé son catalogue des végétaux à tiges ligneuses du département, — M. Laterrade, son traité sur l'hygiène des plantes, et les altérations dont elles sont susceptibles; son nouveau système de botanique fondé sur le calice, et nommé *Système Perianthiel;* — enfin son mémoire sur la circulation de la séve dans les plantes; — M. Billaudel, son traité de l'influence des vents sur la végétation des arbres, et ses observations météorologiques; — M. Grateloup, ses recherches sur l'ophite, et les dépôts marins des environs de Dax; — M. Jouannet, ses notions géologiques sur les Landes, les terrains tertiaires de la Gironde; —M. Leupold, ses leçons élémentaires de physique; — M. Brard, sa minéralogie populaire.

La géologie, base de la botanique, et la botanique elle-même, devaient exciter votre prédilection. Il fut même une époque où elles absorbèrent tous vos soins. Ce fut, en effet, sous le titre de *Société d'histoire naturelle* que l'Académie fut reconstituée en 1797, et qu'elle se releva pour ainsi dire du milieu des ruines révolutionnaires.

En parlant de l'étude des plantes et des fleurs, Messieurs, le nom d'un botaniste qui s'est placé au premier rang parmi nous vient bien tristement se rappeler à notre souvenir. Ce nom est celui d'un collègue dont nous devons nous enorgueillir, et dont la perte prématurée excite les plus profonds regrets de l'Académie. Ce nom est celui de M. Gachet que nous comptions il y a quelques jours encore parmi nos membres résidants. Ce n'est pas seulement pour nous, ses confrères et ses amis, que sa mort est une perte cruelle; elle ne sera pas moins sentie par tous les corps savants auxquels il appartenait; la ville elle-même regrettera longtemps encore l'homme intègre, le savant laborieux et modeste, auquel nos magistrats avaient confié le Jardin botanique et le Musée de Bordeaux. Grâce à ses lumières, à son active sollicitude, ces établissements ont vu doubler leurs richesses, et ces richesses se classer dans un ordre méthodique, seul moyen de les rendre utiles à la science et à l'étude. L'Académie chargera l'un de ses membres de payer à la mémoire d'un homme aussi regrettable le tribut d'éloges qui lui est dû à tant de titres ; mais en attendant elle n'a pu vous cacher sa douleur, car la perte d'un homme de bien est une douleur publique.

Société philharmonique,

fondée en 1837.

La musique est un de nos arts libéraux les plus populaires ; l'Académie l'avait compris dès son origine, et l'on peut dire même que la musique fut l'origine de l'Académie. Tout en reconnaissant que la Société philharmonique, qui s'est formée en 1837, a puissamment contribué à la propagation du goût musical dans Bordeaux, par les concerts périodiques qu'elle a institués, il est juste de faire remarquer que l'idée première de ces réunions musicales appartient à l'Académie. Les anciens statuts voulaient que les séances publiques fussent accompagnées d'un concert. Le concert était chose obligée, et la savante assemblée se montrait fidèle à cet usage auquel on ne renonçait que dans les plus graves circonstances. — L'art. 13 du premier règlement, approuvé par Louis XIV, porte : « La Compagnie s'assemblera deux fois la semaine au moins, une pour les sciences et belles-lettres, l'autre pour la *musique* et les arts. Les séances seront de deux heures au moins. »

Le président occupait dans ces réunions musicales un rôle important, comme le prouve l'extrait suivant d'un de nos vieux registres dont la naïveté fait tout l'intérêt; il porte ce qui suit :

« Avril 1714. Au premier concert qui fut exécuté après les fêtes de Pâques, le 9 avril, M. Navarre (directeur) remit à M. Sarraut de Boisnet *le bâton de mesure;* celui-ci rentra dans la fonction de mener le concert. »

Non-seulement l'Académie donnait l'exemple de faire de la musique en public, et de la diriger, mais ses membres y prenaient part eux-mêmes ; on lit dans le même recueil :

« Mars 1714. Dans ce mois, MM. de Sarraut parurent aux deux derniers concerts pour la première fois depuis la mort de feu M. leur père, et, dans le dernier, M. Sarraut Boisnet joua le premier dessus de symphonie, et M. Sarraut Vezis une basse continue. »

Cette coutume se conserva longtemps, et l'impulsion donnée ne fut pas perdue ; aujourd'hui deux membres de l'Académie, MM. Lancelin et Darrieux, sont au nombre des fondateurs du cercle philharmonique de Bordeaux.

Commission des monuments historiques,

fondée en 1839.

Une Commission chargée de veiller à la conservation des monuments anciens du département fut créée par arrêté préfectoral du 26 mars 1839, et composée en très-grande partie de membres de l'Académie, à laquelle elle tient par des liens intimes. *Conserver* a été plutôt son but que découvrir ; tout, en effet, est connu aujourd'hui, grâce aux recherches d'hommes patients et érudits, au nombre desquels figurent plusieurs des membres de votre Compagnie. En 1806, M. Caila était entré dans la voie si laborieusement et si brillamment parcourue d'abord par M. Mazois, ensuite par M. Jouannet, qui, alors qu'il n'était que membre correspondant, nous fit connaître les antiquités d'Aiguillon, et qui depuis devenu membre résidant publia, dès 1820 (indépendamment des documents insérés dans *l'Aquitaine* et dans la *Statistique de la Gironde*), des notices sur Saint-Émilion, Bazas, les voies romaines, les aqueducs romains, les inscriptions funéraires, et les tumulus du pays. A cette époque aussi M. Lacour vous offrait un essai sur les hiéroglyphes et des études pittoresques dont le dessin excitait votre juste admiration.

Mais, Messieurs, la création d'une Commission des arts dans le sein de l'Académie remonte à 1806. Cette Commission était chargée de surveiller, avec l'aide de l'autorité publique, les fouilles et les recherches des traces presque effacées de l'ancienne existence de Bordeaux. Remontons même plus haut : en l'année 1715, le protecteur de l'Académie, le duc de la Force, recommandait expressément à vos prédécesseurs de composer un tableau littéraire et historique de la Guienne ; il insistait surtout sur ce dernier point.

En cette matière comme en toute autre, il faut nécessairement en revenir à l'Académie qui, en 1828, avait déjà proposé vingt prix pour encourager les recherches archéologiques et littéraires sur des sujets intéressant la contrée.

Société d'horticulture,

fondée en 1840.

C'est en 1840 qu'a été régulièrement constituée la Société d'horticulture du département, sous les auspices et la direction de notre vénérable collègue M. Vignes, qui nous appartient depuis 1811. Cette Société n'est pour ainsi dire qu'une section de la Société linnéenne; la portion des sciences naturelles dont elle s'occupe spécialement ne trouva jamais l'Académie indifférente ou inactive.

En 1806, M. Catros donna une synonymie des fruits du département. — En 1807, M. Dargelas signala les dommages causés aux vergers par la pyrale pomone; — dès 1819, nous possédions l'important ouvrage de *la Flore de la Gironde*, fruit des longs travaux de notre collègue M. Laterrade, et digne de la réputation aujourd'hui européenne qu'il a conquise. — En 1821, vous offriez un prix à l'auteur de la meilleure synonymie de la vigne, et des dissertations approfondies sur les systèmes comparés de Linné, de Jussieu, et de Tournefort, étaient soumises à votre examen. Enfin, c'est en qualité de membre de l'Académie que M. Vignes contribua si heureusement à la culture des fleurs et à la propagation des plantes exotiques.

Société d'agriculture,

fondée en 1841.

Comme dans beaucoup d'autres localités du département, il existait à Bordeaux un comice agricole composé d'hommes estimables et instruits, et destiné à récompenser des essais pratiques d'agriculture. En 1841, le titre de *Société d'agriculture de la Gironde* lui fut accordé par M. le Ministre du commerce qui déclara toutefois, d'une manière positive, que ce changement de dénomination n'entraînait aucun changement dans ses attributions. Les nôtres sont donc restées intactes sous le rapport agricole. Il est seulement à craindre que ce changement de dénomination induise quelques personnes en erreur, et que l'on ne soit conduit à penser qu'il n'existe à Bordeaux qu'une Société d'agriculture, celle récemment formée, tandis qu'il y en a réellement deux, à savoir : le comice pourvu d'un nouveau titre, et l'Académie des sciences en possession depuis plus d'un siècle du soin des intérêts agricoles. Mais entre ces deux Sociétés il y a une grande différence que l'on peut faire ressortir sans blesser personne ; le comice agricole, transformé en Société d'agriculture, fait concevoir des espérances; la section d'agriculture de l'Académie a pour elle les faits accomplis : en effet, les découvertes nombreuses dont peut s'honorer l'Académie, les améliorations notables qu'elle a provoquées par plus de cinquante prix proposés, les mémoires qu'elle a publiés sur toutes les questions générales et locales, sont là pour attester que personne ne peut aujourd'hui effacer sa prépondérance. Le règlement de 1826 maintient l'existence d'une Commission permanente d'agriculture créée en 1820, et porte, art. 35 : « Quatre des séances générales de l'Académie sont consacrées chaque année exclusivement aux travaux *de l'agriculture.* »

Art. 36. Les matériaux nécessaires pour ces quatre séances sont préparés par le comité permanent d'agriculture.

Art. 37. Ce comité est composé de six membres nommés au scrutin secret à l'époque ordinaire des élections; le président et le secrétaire général en sont membres de droit : il sera renouvelé tous les ans par moitié ; les membres sortants sont rééligibles. Un des six membres sera désigné par l'Académie pour être secrétaire du comité.

Art. 38. Le secrétaire du comité d'agriculture est chargé de la rédaction des procès-verbaux du comité, de la correspondance avec les agriculteurs, et les membres correspondants, pour ce qui est relatif à la science. La correspondance avec les Sociétés savantes et avec les administrations sera signée par le secrétaire général.

Des correspondants agricoles désignés par vous se sont répandus dans le département, et le nouveau règlement a consacré implicitement les dispositions ci-dessus en décidant, art. 22, que la deuxième section comprendrait la géologie, la botanique, *l'agriculture, l'économie rurale,* etc., et se composerait de dix membres.

C'est donc l'Académie qui a créé dans le département cette branche d'études aujourd'hui si importante; ce qui a été récemment organisé hors de son sein n'est que la reproduction de ses propres efforts qui datent déjà de bien loin.

Dès 1752 l'Académie proposait pour sujet de prix la solution des graves questions qui se rapportent à la bonne conservation des céréales, et aux moyens de prévenir les accidents qui occasionnent la détérioration des grains dans les épis.

En 1806 ce sujet était de nouveau traité par MM. Guyet Laprade, Delaguette, et d'Argelas. Le premier s'attacha aussi à faire connaître les insectes ennemis de la vigne. En 1807 la conservation et l'amélioration des forêts étaient, de la part de M. Guyet Laprade, l'objet d'un important mémoire, et M. Legris de Lasalle élevait le premier des troupeaux de mérinos. La formation d'une pépinière départementale était sollicitée par l'Académie, et accordée à ses démarches. Le gouvernement se plaisait dès lors à appeler votre attention sur les travaux agricoles et l'économie rurale: vos communications avec l'autorité étaient aussi fréquentes qu'honorables.

En 1820 vous vous étiez déjà occupés des moyens d'améliorer la race bovine, de propager le goût des prairies artificielles, de l'élève des bestiaux, de l'amélioration des engrais, des assolements; vous aviez même cherché à encourager la culture d'une espèce de coton qui croît aux États-Unis. Des instructions émanées de vous, des prix proposés, contribuèrent beaucoup à répandre la culture en grand des pommes de terre, et produisirent, de la part d'agriculteurs émérites, des expériences aussi nombreuses que prospères.

Les instruments aratoires n'échappèrent pas à vos soins; les machines à bras et à manége, les hachepaille, les charrues, participèrent à vos encouragements, et furent le sujet d'importants rapports.

Tout le monde s'occupe aujourd'hui du défrichement et de la mise en valeur des landes de la Gironde. Je ne serai que juste en disant que l'honneur des première tentatives de ce genre appartient à l'Académie. En 1806, M. Guyet Laprade publia un mémoire sur la fertilisation des landes, et passa en revue les moyens raisonnables de l'obtenir. En 1816 l'Académie mettait au concours les questions suivantes :

« Quelques parties des landes situées entre l'Adour et la Garonne sont-elles susceptibles d'être converties en prairies artificielles? » Le noble désir d'arracher cette terre à sa longue stérilité ne cessa dès lors de vous dominer.

« Si la culture ne peut seule assurer la prospérité de ce pays, n'a-t-il pas des ressources équivalentes dans l'éducation des *troupeaux et des abeilles*, dans la fabrication des matières résineuses, dans l'extraction des mines, et dans l'emploi de diverses terres, dont quelques-unes paraissent propres aux ouvrages les plus précieux?

Voulant obtenir des données exactes sur la constitution géologique des landes dans ses rapports avec l'industrie, l'Académie offrait un prix de 600 fr. pour la solution de ces deux autres questions :

« 1° Quelle est, d'après une analyse exacte, la nature des principales couches qui composent le sol des
landes dans le département de la Gironde?

⸱» 2° Quel est l'emploi que peuvent avoir dans les arts
les différentes terres et les minéraux que renferment
ces couches?

L'Académie songeant aussi à tout l'avantage qu'on
pouvait tirer, pour la culture des landes, de l'emploi
des dépôts de vase formés dans la Garonne, la Dordogne, et la Gironde, et qui sont si nuisibles à la navigation, rappelait les prix proposés à celui qui résoudrait
le mieux la question suivante :

« Quels sont les moyens de détruire et d'enlever ces
dépôts et de les transporter sur les lieux où ils ne seraient plus nuisibles? »

C'était là, Messieurs, une grande pensée agricole ;
d'un côté il y a stérilité, de l'autre encombrement dan-
gereux de matières propres à détruire cette stérilité!
— La Providence semble avoir mis ici en notre pouvoir le moyen de combattre ces deux fléaux. Lorsque
votre Compagnie, il y a vingt-sept ans, proposait à
l'émulation des agriculteurs et des ingénieurs un pareil
sujet d'études, ne se plaçait-elle pas à la tête des amis
les plus éclairés du bien général?

En 1819 M. Deschamps publia dans le *Recueil de
vos Actes*, sur le desséchement des marais des landes,
l'établissement des canaux, et les routes de terre, un
travail qui excita, comme il le méritait, l'attention publique. M. Vignes, dès 1817, avait conçu sur le même
sujet un projet vaste et hardi, dans l'exposé duquel il

décrit la nature du sol, la qualité des eaux, l'influence du climat, de manière à laisser peu de chose à faire à ceux qui voudraient se livrer aux mêmes études.

En 1821 vous avez de nouveau proposé un prix à celui qui, fouillant avec soin le sol des landes, découvrirait les substances les plus utiles à l'agriculture et à l'industrie. M. Cambon fit de grands efforts pour pousser à la culture de ces contrées, exposant le sage principe d'entreprendre peu à la fois. En 1822 M. Jouannet vous offrit une description détaillée des produits naturels des landes, dans lesquelles M. Guilland vous avait signalé l'existence du minerai de fer.

Sous le rapport agricole un bien autre titre de gloire vous appartient; vos devanciers ont contribué puissamment à l'ensemencement des dunes. « C'est dans le sein de l'Académie (disait M. Vignes en 1825) que fut prise la commission qui dirigea les travaux des dunes tant qu'ils n'offrirent que l'honneur d'être gratuitement utiles à notre pays! » En effet, commencés en 1787 par votre illustre collaborateur Bremontier, interrompus en 1789, les travaux des semis, après plusieurs vicissitudes, furent repris définitivement en 1802 par arrêté du gouvernement. Le même arrêté créa, pour diriger les travaux, une commission de cinq membres; trois d'entre eux pris dans le sein de l'Académie restèrent jusqu'en 1815 associés à Bremontier. N'omettons pas non plus qu'en 1806 M. Garros avait inventé, pour protéger les ensemencements, un système d'abris qu'adopta l'habile ingénieur.

Ce sont là des services éclatants qu'on aime à rappeler parce qu'ils doivent mériter la reconnaissance du pays à votre section d'agriculture qui peut maintenant voir s'élever sans crainte autour d'elle toute espèce de sociétés agricoles.

Du reste, les principaux membres de la nouvelle société d'agriculture font partie de l'Académie, et son président lui-même, M. Ivoy, si connu pour le succès de ses belles plantations dans la commune du Pian, est depuis longtemps au nombre de vos associés correspondants.

Société séricicole

projetée.

Un des comités de la nouvelle Société d'agriculture est sur le point de se constituer en société séparée, afin de s'adonner exclusivement à l'industrie séricicole. C'est là une fondation qui ne peut manquer d'être utile ; le talent et l'expérience des hommes honorables qui la provoquent sont de sûrs garants du bien qu'on doit en attendre ; mais sous ce rapport même l'Académie peut invoquer des précédents qui lui assignent la première place parmi les promoteurs de ce mouvement industriel si rempli d'avenir.

Il y a cinquante ans un de nos anciens collègues, M. Pelt, avait consacré sa propriété de Caudéran à l'éducation des vers-à-soie et à la plantation des mûriers.

M. Laterrade fit en 1804 des essais heureux ; en 1827 l'Académie provoquait les mesures propres à étendre et à faire connaître les procédés au moyen desquels les mûriers peuvent être utilement plantés; enfin il y a peu de jours l'Académie a accueilli et encouragé les communications toutes spontanées du savant M. Robinet qui s'est voué à l'industrie séricicole, et qui a demandé et obtenu le titre de membre correspondant.

Objets d'utilité publique.

Si, nous éloignant des attributions des sociétés savantes que vous avez vues naître sous vos auspices, nous jetons un instant les yeux sur les entreprises d'utilité publique destinées à augmenter la splendeur de cette belle cité, nous verrons que votre compagnie s'est constamment montrée digne de l'insigne honneur d'avoir été pendant quelques années dirigée par Montesquieu. C'est un nom qu'on ne saurait trop répéter dans cette enceinte et qui, joint à celui d'Aubert de Tourny, forme comme les armoiries et les titres de noblesse de l'Académie. S'agit-il d'édilité? les embellissements de Bordeaux ont été, depuis le commencement du siècle, l'objet des questions proposées dans vos concours. Ce fut M. Dudevant qui, en 1808, conçut le projet de construire de nouveaux quartiers à la place des marais qui entouraient la ville; ce fut l'Académie qui, en 1819, proposa pour sujet de prix l'épuration des eaux de la Garonne, et les moyens de procurer de l'eau à la cité; vous provoquiez ainsi la composition d'importants mémoires sur la nature des eaux qui sont à proximité de la ville et sur la construction des aqueducs destinés à les conduire dans nos murs; vous renouveliez ainsi les efforts qui avaient été tentés à ce sujet auprès des jurats en 1787. De nos jours, en 1841, un de nos collègues, M. de Collegno, a fait un examen approfondi du succès probable qu'obtiendrait le forage d'un puits artésien sur la place Dauphine. Enfin, en 1821 M. Lartigue signala le premier tous les avantages qu'on pourrait retirer de l'usage des bitumes de Scyssel pour les trottoirs et pour les édifices tant publics que privés.

Votre compagnie, Messieurs, en a la confiance, ses vœux pour la prospérité de Bordeaux s'accompliront, puisqu'elle voit parmi ses membres le maire de cette ville dont les idées sages et généreuses, le patriotisme éclairé, vous sont dès longtemps connus.

S'agit-il des moyens de favoriser le commerce et de lui assurer une direction utile? — Des traités de navigation, d'astronomie nautique, des études considérables sur l'amélioration du cours de la Garonne, sur la construction des machines à vapeur, furent l'objet et le fruit de votre sollicitude infatigable; vous l'avez même étendue sur les navigateurs et sur nos colonies, en accordant des récompenses publiques à M. Quinton (1819) pour l'invention et les perfectionnements de ses vivres de garde si utiles à ceux qui entreprennent de longs voyages. Enfin, Messieurs, sous le rapport des découvertes purement scientifiques, vous savez tous que les premiers travaux de vos devanciers portèrent sur les variations de l'aiguille aimantée; vous savez tous qu'un de vos anciens correspondants, Romas, mérita d'être placé à côté du célèbre Francklin par l'invention de son cerf-volant électrique.

CONCLUSION.

En vous retraçant, Messieurs, une partie des découvertes et des tentatives de l'Académie jusqu'en 1822, j'ai cherché à établir qu'elle a été comme la mère commune de toutes les sociétés de cette ville. Personne ne pourra penser, je l'espère, que j'aie voulu contester à aucune de ces Sociétés le mérite de son zèle et de ses efforts ! Mon but a été uniquement de montrer le lien scientifique qui les unit à votre compagnie. — Les rameaux ont poussé, ils ont eux-mêmes jeté des racines et porté des fruits, vous y applaudissez tous ; mais l'arbre antique est là, et on ne saurait nier le bienfait de sa séve féconde et de son ombrage protecteur !

En énumérant toutes les estimables associations qui s'occupent, chacune dans sa spécialité, des sciences et des arts, il me semble, Messieurs, que l'Académie se trouve pour ainsi dire au milieu d'une nombreuse famille dans laquelle elle occupe le rang honorable que confèrent le droit d'aînesse, l'ancienneté, les vieux services, les nobles souvenirs, la fécondité scientifique et littéraire. Ces légitimes prérogatives vous appartiennent ; n'y aurait-il pas, à vous les contester, aveuglement ou ingratitude ?

Il se tromperait grandement celui qui me croirait mu par un sentiment d'envie, ou qui s'imaginerait que je m'efforce de ressaisir en quelque manière ce qui aurait échappé à l'Académie ! Non, Messieurs, on n'a rien pris à l'Académie ! c'est elle qui a donné et donné généreusement! Il ne s'agit pas ici de ses dépouilles, il s'agit de son propre ouvrage, d'un ouvrage consacré par le temps, par de grandes renommées, par d'innombrables travaux, par le témoignage universel, d'un ouvrage dont elle a droit de s'honorer et dont elle est fière à tant de titres. Ne voit-elle pas accourir vers elle toutes les illustrations scientifiques du pays? — Vous avez jadis possédé Bremontier, Bremontier à qui seul au monde fut accordée la gloire de fonder sur le sable un indestructible monument! Aujourd'hui, Messieurs, vous voyez dans votre sein notre modeste et savant compatriote Boucherie! Bremontier en arrêtant un fléau destructeur a créé des forêts, M. Boucherie en fera du fer et va les rendre impérissables! Ce que l'un a semé l'autre le recueille et le transforme pour l'utilité de la science, des arts, de l'industrie, et du commerce.

C'est ainsi, Messieurs, que l'esprit d'observation met à profit les conquêtes du génie; c'est ainsi que l'Académie de Bordeaux aura vu se former, et pour ainsi dire se souder dans son sein ces deux puissants anneaux de la chaîne scientifique qui unit le passé et l'avenir!

LETTRES PATENTES

*d'établissement d'Académie des belles-lettres, sciences, et arts,
en la ville de Bordeaux.*

———

5 septembre 1712.

———

LOUIS, par la grâce de Dieu, Roi de France et de Navarre,
à tous présents et à venir, salut. Notre très-cher bien-amé cousin le Duc de la Force, toujours attentif à ce qui peut contribuer au bien de nos états et à la gloire de notre règne, Nous a
remontré que la ville de Bordeaux, une des plus considérables
de notre royaume, a produit de tout temps des génies très-pro-
pres à l'étude de toutes sortes de sciences et d'arts, que le séjour
des compagnies en provinces que nous y avons établies engage
la plus grande partie des habitants de cette ville et des pays voi-
sins à se donner à l'étude, et qu'on en verrait sortir encore tous
les jours autant de grands sujets que d'aucune autre ville
de notre royaume si l'on y établissait une académie où le
concours mutuel des lumières de plusieurs personnes savantes et
l'émulation que produisent toujours ces sortes d'assemblées,
pussent polir et perfectionner les talents admirables que la nature
donne si libéralement aux gens nés sous ce climat, il nous a présenté que, persuadé de cette vérité, les sieurs de Gascq, président à mortier de notre cour de Parlement de Bordeaux,
Le Breton, César de Compas, conseillers en notre cour, Navarre, conseiller en notre cour des Aydes de Bordeaux, Sarran
de Bonnet, et Sarran de Vezins, écuyers, et Melon, inspecteur
de nos fermes, auraient formé une société de cette espèce; qu'ils
s'étaient assemblés régulièrement pendant quatre ans; qu'ils

avaient même associé à leurs travaux les sieurs Bellet et Olivier, prêtres, et Bellet et Cardose, docteurs en médecine, et plusieurs autres personnes nécessaires pour les arts ; et que ces assemblées avaient eu un succès plus favorable qu'ils ne l'auraient d'abord pu espérer ; mais qu'elles ne peuvent avoir toute leur perfection pendant qu'elles manqueraient de fondement solide, par le défaut de notre autorité, et qu'elles deviendraient bien plus nombreuses et plus utiles aux progrès des sciences si c'était notre bon plaisir d'ériger ces assemblées en forme d'Académie, à l'exemple des autres villes à qui nous avons accordé cette grâce ; A CES CAUSES, pour témoigner notre bienveillance à notre cousin le Duc de la Force et récompenser le zèle des susnommés, Nous avons, de notre grâce spéciale, pleine puissance et autorité royale, permis, approuvé et autorisé, permettons, approuvons et autorisons par ces présentes signées de notre main, *lesdites assemblées et conférences,* voulons qu'elles soient continuées dans ladite ville sous le nom d'Académie ; Nous avons nommé et établi pour cette fois seulement notre dit cousin le Duc de la Force pour protecteur de ladite Académie, laissant dans la suite la liberté d'en élire un aux personnes qui la composeront, dont le nombre et les fonctions se régleront suivant les statuts contenant vingt-cinq articles cy attachés sous le contre-scel de notre chancellerie. Si donnons en mandement à nos amés et féaux les gens tenants notre cour de Parlement de Bordeaux que ces présentes ils fassent registrer pour être exécutées ensemble les statuts, pleinement, paisiblement et perpétuellement, cessant et faisant cesser leurs troubles et empêchements au contraire ; car tel est notre plaisir ; et afin que ce soit chose ferme et stable pour toujours, Nous avons fait mettre notre scel à ces dites présentes. Donné à Fontainebleau le cinquième jour de septembre, l'an de grâce mil sept cent douze et de notre règne le soixante-dixième.

Signés LOUIS.   Par le Roi : PHELYPEAUX.

Le troisième mai 1713, en conséquence de l'arrêt de cejour-
d'hui, tant ces présentes lettres patentes que lesdits statuts ont
été enregistrés ez registres de la cour, pour y avoir recours quand
besoin sera. Fait à Bordeaux, au greffe de ladite cour ledit jour
que dessus. *Signé* Roux.

Visé; *signé* Phelypeaux, pour establissement d'une Académie de belles-lettres, sciences et arts, à Bordeaux.

Pour copie conforme à l'original déposé aux archives dépar-
tementales :

*Le Secrétaire général de la Préfecture
de la Gironde,*

Ferdinand Leroy.

COMPTE RENDU

DES TRAVAUX DE L'ACADÉMIE

POUR L'ANNÉE 1842,

Par M. VALAT, Secrétaire général,

lu dans la séance publique du 26 novembre 1842.

—

Messieurs,

C'est pour la seconde fois que nous avons l'honneur de vous présenter le tableau de vos travaux annuels, et d'ajouter ainsi quelques pages à la brillante esquisse que vient de tracer notre honorable président, d'un passé qui ne fut pas sans gloire. Nous n'avons garde d'affaiblir l'intérêt que ce récit a pu vous inspirer, en mêlant nos réflexions et nos propres pensées à celles qu'il a fait naître en vos esprits, et nous avons hâte d'aborder, non sans appréhension, la tâche qui nous est imposée. Vous attendez l'exposé fidèle et précis des faits qui se sont passés au milieu de vous et par

vous : nous essayerons de vous les raconter simple-
ment, et s'il est possible avec précision, afin de ne
point abuser de votre bienveillante attention.

L'ensemble de vos travaux comprend six sortes de
faits que nous rangerons dans l'ordre suivant :

1° Rapports de l'Académie avec les autorités;

2° Travaux des membres résidants ;

3° Travaux des membres correspondants;

4° Nécrologie;

5° Admission des membres résidants ou correspondants;

6° Prix donnés ou mentions honorables.

Nous vous demanderons la permission d'en resserrer
ou d'en étendre l'exposition selon le degré d'importance que vos procès-verbaux leur ont assigné.

RAPPORTS DE L'ACADÉMIE AVEC LES AUTORITÉS.

Vous avez reçu des témoignages non équivoques de
la bienveillance de M. le Préfet : 1° dans les nombreux
ouvrages qu'il vous a adressés; 2° dans la mesure qu'il
a prise d'insérer le Programme des prix proposés par
l'Académie, pour l'année 1842, au *Recueil des actes
administratifs ;* 3° dans l'empressement qu'il a mis à
répandre, d'après vos intentions, le mémoire si ins-
tructif composé par M. Fabre, membre correspondant,
sur la culture du colza : qu'il veuille bien accepter les
remercîments de l'Académie pour des soins aussi bien-
veillants !

Vous avez, sur son invitation, désigné une commission spéciale pour examiner le procédé de culture
des céréales imaginé par M. le comte de Bonneval, et
il n'a point tenu à elle que les expériences proposées
pour son appréciation ne fussent exécutées; le rapport
qu'elle vous a présenté sur les circonstances de sa mission vous a convaincu de son zèle à s'acquitter de la
tâche qui lui avait été confiée.

M. le Ministre de l'intérieur a remercié l'Académie
de l'hommage que vous avez cru devoir lui faire de
plusieurs de vos travaux. MM. les Ministres du commerce et de l'instruction publique vous ont adressé
plusieurs ouvrages.

Vous avez déposé aux pieds de Sa Majesté l'expression des regrets que vous inspira la perte à jamais dé-
plorable du prince d'Orléans.

TRAVAUX DES MEMBRES RÉSIDANTS.

Lectures.

M. *Lemonnier* a consacré deux séances à la lecture
d'un mémoire sur les contrats d'assurances maritimes :
cet important travail fait partie d'un traité complet que
votre collègue se propose de publier incessamment.

M. *de Collegno* vous a présenté une théorie du mé-
tamorphisme des roches de sédiment, et en particulier
de celui des dépôts de combustible (1er cah., 4me ann.
des Actes). C'est un exposé succinct, mais complet,
d'une théorie destinée à expliquer la formation des ro-

ches stratifiées cristallines, déjà résumée par les ingénieurs chargés de la carte géologique de France. « On ne conteste pas, vous a dit votre savant collègue, l'origine sédimenteuse de ces terrains; mais comment expliquer avec la seule action des eaux la présence des silicates qui ne peuvent se produire par la voie humide! »

Réfutant ensuite rapidement l'opinion de M. Mitscherlich obligé de donner aux mers une profondeur moyenne de 31,000 mètres, il présente les idées plus rationnelles de Hutton, qui admet qu'une chaleur interne très-intense pouvait durcir les matériaux des sédiments comprimés par la masse des eaux. Cette opinion, d'accord avec les données actuelles de la science, est aussi celle de M. de Collegno, qui l'appuie de son autorité et de ses propres observations.

M. *Bourges* vous a entretenu du catarrhe pulmonaire ou bronchite chronique : sous la forme familière d'une lettre adressée à un de ses amis, il ne craint pas d'exprimer nombre d'indications, d'autant plus précieuses, qu'elles semblent moins le résultat de la science parfois dédaigneuse de tels détails, que le fruit d'une observation attentive et d'une prudence consommée. Vous avez dû toutefois regretter, Messieurs, que notre honorable collègue ait eté obligé d'étudier sur lui-même cette opiniâtre et pénible maladie.

M. *Dutrouilh* a décrit avec soin le charançon qui fait tant de mal aux vignes du département : après avoir exposé les divers moyens proposés pour les garantir de ce fléau, il conclut à ce qu'il n'en est pas de vraiment efficace, et qu'on n'a pas d'autre parti à prendre que de chercher les feuilles roulées où l'insecte va cacher ses œufs, et de les arracher avant que ceux-ci aient le temps d'éclore.

M. *Guichenet* vous a proposé l'établissement d'une ferme-modèle dans le département de la Gironde : ce projet accueilli d'abord avec empressement par l'Académie, comme d'une haute importance pour la propagation des bonnes méthodes en agriculture, a été soumis à l'examen de votre section agricole. Celle-ci, après mûre délibération, a signalé les graves difficultés qui s'opposaient à son exécution, et vous avez dû, quoique à regret, en ajourner la réalisation.

M. *Durand* vous a fait connaître la nécessité d'améliorer les maisons des paysans, non pas sous les rapports de l'élégance et du goût, il n'a garde d'être aussi exigeant, mais sous le rapport de la salubrité; il indique les moyens de les mettre avec une très-faible dépense à l'abri de l'humidité et des froids excessifs.

Il vous a également communiqué un travail intéressant sur les peintures à fresque de la tour de Veyrines dont il vous a présenté les dessins.

M. *Abria* vous a exposé ses vues sur une suite d'observations météorologiques à recueillir dans le département, et vous a décrit les précautions délicates qu'elles réclameraient pour être dignes de la confiance des physiciens; il vous a fait connaître le résultat de ses expériences sur l'inclinaison de l'aiguille aimantée.

M. *Laterrade* vous a lu des fragments de l'histoire de la botanique dans les temps anciens : l'intérêt qui se rattache à ce genre de recherches vous a fait désirer que l'auteur voulût bien les étendre et les compléter, afin de remplir une lacune importante, et de contribuer ainsi aux perfectionnements d'une science qui lui doit tant et de si utiles travaux.

M. *Ferdinand Leroy* vous a communiqué un manuscrit très-curieux, composé par un religieux de Sainte-Croix, peu après l'année 1712, époque où s'arrête le chroniqueur. C'est une histoire du célèbre monastère, écrite d'un style correct, avec ce caractère de naïveté qui devient un garant de la véracité de l'écrivain. Ce qui doit augmenter la confiance qu'il inspire, c'est qu'il a puisé aux archives mêmes de la maison dont il décrit la puissance, et les détails qu'il en extrait avec réserve font regretter qu'il n'ait pas osé davantage, Ce document est accompagné de notes explicatives et précédé d'une introduction : on y trouve des connaissances précises sur la succession des abbés, un tableau fidèle des richesses et des dépendances du monastère, enfin l'époque de la fondation de l'église de Soulac actuellement ensevelie sous les sables. Vous avez appris avec satisfaction que la commission des monuments historiques, dont le zèle et les lumières vous sont particulièrement connus, a obtenu du gouvernement des fonds considérables pour la réparation des diverses parties de l'église de Sainte-Croix, et, en premier lieu, du portail, dont l'état inspire des inquiétudes aux amis des arts et des beaux monuments élevés par la piété de nos pères.

M. *Valat* vous a lu un mémoire sur la philosophie des sciences, suite d'un premier article, inséré dans le 1er cahier, 3me année de nos Actes. Il s'était proposé dans celui-ci d'examiner l'application de ses idées théoriques à l'étude et au perfectionnement de la science mathématique.

RAPPORTS DES MEMBRES RÉSIDANTS.

M. *Ferdinand Leroy* vous a rendu compte des motifs qui ont empêché la commission, dont il était l'organe, d'apprécier le mode d'ensemencement proposé par M. le comte de Bonneval.

L'Académie, dans sa première séance de rentrée du 4 novembre 1841, ayant décidé que la demande de M. le comte de Bonneval, transmise par M. le Préfet, serait l'objet d'une investigation sérieuse, nomma une commission qui se réunit aussitôt pour arrêter les mesures qu'il convenait d'adopter. On prit jour pour un voyage à La Teste, et M. Hamau, membre correspondant, fut invité à surveiller l'opération agricole en l'absence de la commission. M. le comte de Bonneval, averti de la visite qu'il allait recevoir sur sa propriété, écrivit le 29 novembre, en réponse à cet avis, que le temps favorable aux semailles était passé, et qu'il regrettait de ne pouvoir se prêter aux vues de l'Académie pour l'appréciation de son procédé. Dès lors, la commission dut renoncer au voyage qu'elle avait projeté, lorsque les instances de M. Joumard, agent de la compagnie à Bordeaux, la décidèrent à exécuter son premier dessein. Arrivés à La Teste, les membres de la commission rencontrèrent de la part des agents de M.

le comte de Bonneval l'opposition qu'ils avaient trouvée en celui-ci; ils se retirèrent donc sans avoir pu accomplir leur mission. L'Académie approuva leur conduite, et déclara qu'il n'y avait plus lieu désormais de s'occuper de la question dont la confiance de M. le Préfet l'avait investie.

M. *Valade-Gabel*, chargé d'examiner le compte rendu sur l'enseignement primaire, présenté au conseil général par M. Reclus, vous a fait un rapport favorable de cet ouvrage. Il résultait des tableaux comparatifs de l'enseignement primaire, qu'en 1836 il y avait, dans le département, neuf cent quatre-ving-six écoles, comprenant trente-six mille neuf cent vingt-neuf élèves, tandis qu'en 1841, le nombre des écoles s'était accru de deux cent vingt-huit, comprenant cinquante mille cinq cent quatre-vingts élèves. Ce fait est le plus bel éloge du zèle et de la capacité de l'inspecteur M. Reclus, auquel on doit rapporter la meilleure part d'un tel succès. Il vous a aussi présenté l'analyse de la Grammaire française de M. Clouzet aîné, 2me édition : cet ouvrage, rédigé sur un plan aussi simple que méthodique, paraissait éminemment propre à l'instruction de la jeunesse, et vous avez applaudi aux efforts persévérants de l'estimable professeur, dont quelques années auparavant vous aviez été heureux de récompenser publiquement les travaux et la capacité.

M. *Laterrade* vous a donné une idée favorable des travaux de la Société d'histoire naturelle de Maurice, a fait connaître ce qu'offrait de saillant une dissertation de M. Soyer-Villemet, membre correspondant, sur le *cerastium manticum*, et reproduit les passages les plus remarquables de l'Éloge de Vincent Dandolo, par M. Bonafous.

M. *Francisque Michel* a fait l'analyse de diverses brochures sur la translation des cendres de Calderón, et l'éloge historique de ce grand poëte; il y a joint des observations critiques d'un vif intérêt.

M. *Gout Desmartres* vous a fait un rapport sur un volume de poésies, par M. Jules Canonge, jeune littérateur de Nîmes, qui a pour titre : *Les premiers Solitaires*. La plupart des pièces de ce recueil se distinguent par une versification facile, harmonieuse, et correcte, ajoute-t-il, en remarquant que cette dernière qualité devenait assez rare par ces temps de *stérile abondance*.

Il vous a présenté l'analyse d'un drame intitulé : *Marie Stuart*, dont l'auteur, M. Amédée de Joulan, a fait hommage à l'Académie. Cette pièce n'a rien d'historique malgré son titre; le plan en est bien conçu; il y a de l'intérêt et de la vie; toutefois la versification lui a paru manquer de force et de couleur.

M. *Petit Lafitte* vous a fait un rapport très-favorable sur le mémoire de M. Fabre, membre correspondant, relatif à la culture du colza : plein d'observations judicieuses et pratiques, il méritait de devenir un guide entre les mains des agriculteurs; aussi vous proposat-il d'en faire l'insertion dans vos Actes, et d'en tirer un assez grand nombre d'exemplaires à part, pour être envoyés aux communes du département susceptibles d'adopter ce genre de culture.

M. *Valat* a reconnu dans un mémoire de M. Vallot, membre correspondant, sur la géométrie de position, un mérite d'érudition qui l'a engagé à vous proposer de l'insérer dans vos Actes de la présente année; il renferme en effet des anecdotes peu connues sur des hommes qui se sont fait un grand nom dans les sciences mathématiques : tels sont Leibnitz, Enler, et Ampère.

Il a entretenu l'Académie de plusieurs mémoires d'histoire naturelle, d'optique, et de physique, réunis en un seul volume, par M. le baron d'Hombre Firmas, membre correspondant.

Chargé de vous présenter un rapport sur le système d'essieux brisés de M. Constant, il a regretté, au nom de la commission dont il était l'interprète, de ne vous offrir qu'une simple description de cet appareil très-ingénieux dont il ne lui a pas été possible de constater le mérite par des expériences suffisantes.

Au nom de la première section, il vous a présenté un rapport favorable sur un plan de chaloupe insubmersible, proposé par MM. Laporte frères : frappés des désastres qui ont fait tant d'orphelins à La Teste et ont découragé les marins du littoral, ils ont cherché à venir en aide à cette population malheureuse, et ont imaginé une chaloupe offrant les mêmes proportions que celles dont on a fait usage jusqu'à présent, mais garantie contre les dangers de la mer par des flotteurs qui rendent ce bâtiment très-léger.

Vous avez voté des remercîments à MM. Laporte frères, et ajourné seulement la récompense que méritent leurs efforts généreux, jusqu'à ce que la chaloupe de leur invention ait subi les épreuves diverses dont ils ont reconnu eux-mêmes la nécessité.

M. *Fauré* vous a présenté un rapport étendu sur les ouvrages de M. Robinet et de M. F. de Boullenois qui, tous les deux, ont écrit sur l'éducation des vers à soie et sur la culture du mûrier; il rend hommage aux expériences qu'ils ont faites et aux sages conseils qu'ils donnent aux éducateurs, mais il a regretté de ne pas les trouver d'accord sur la question assez grave de savoir si la feuille devait être donnée sèche comme l'entend M. F. de Boullenois, ou humide, ainsi que le veut M. Robinet.

M. *Dutrouilh* vous a fait un rapport sur le mémoire de M. Vallot, membre correspondant, relatif aux insectes qui attaquent la vigne; et tout en rendant justice au mérite de l'ouvrage de votre estimable correspondant, il n'est pas d'accord avec lui sur les ravages de certains d'entre eux qu'il prétend être inconnus au département.

M. *Jouannet* vous a présenté quelques réflexions sur la notice archéologique de l'abbé Miller, curé d'Izon, membre correspondant, dans laquelle il signale aux archéologues la rive droite de la Dordogne, entre Libourne et Saint-André de Cubzac, comme une des lignes les plus intéressantes à étudier.

Il avait à vous rendre compte d'un mémoire de M. Dubroca, autre membre correspondant, intitulé : *Le sentiment du beau;* d'accord avec lui sur la valeur de l'école romantique, il relève l'amertume et l'exagération de sa critique : l'œuvre de M. Dubroca lui paraît d'un homme d'esprit et de goût, épris jusqu'à la passion de l'amour du bien, mais un peu irascible quand il s'agit des intérêts de l'objet idolâtré.

M. *Darrieux* vous a présenté l'analyse succincte de divers mémoires de la Société asiatique de Calcutta ; il a traduit un article de M. Hutton sur le boa indien *(Python tigris)*, dans lequel sont réfutées plusieurs erreurs vulgaires sur ce reptile. Ainsi, quelques naturalistes avaient cru que le serpent, après avoir écrasé sa victime, l'humectait de salive pour l'avaler plus facilement ; ils ne voyaient qu'un acte d'insalivation dans le constant mouvement de la langue du reptile ; mais M. Hutton qui, pendant plusieurs années, n'a cessé d'observer les mœurs, les habitudes de trois boas placés sous sa main dans leur climat, là où ils sont pleins de vie et jouissent du développement de toute leur vigueur, a reconnu que chez ces animaux la langue peut être comparée aux antennes des insectes venant en aide aux sens de la vue et du toucher. C'est avec la langue, en effet, que le serpent s'assure du volume et de la position de la tête de sa victime, car c'est par la tête qu'il doit l'avaler.

Dans le même article dont la traduction sera imprimée dans les Actes de l'Académie, on voit que dans la lutte d'un chat avec un boa et d'un renard de Macassar avec la couleuvre Capelle, si le chat résiste au serpent, c'est parce qu'il saisit la queue du reptile, et se soustrait ainsi à ses replis, tandis que le renard n'évite la morsure mortelle du *cobra capella* qu'en le saisissant à la gorge. Ainsi M. Hutton prouve que toujours et

partout le Créateur a donné à ses plus inoffensives créa-
tures l'instinct nécessaire pour se préserver de leurs
plus mortels ennemis.

TRAVAUX DES MEMBRES CORRESPONDANTS.

Vous avez reçu un assez grand nombre de mémoires de vos correspondants : plusieurs ont été l'objet
d'un rapport spécial et ont mérité d'être mentionnés
ou imprimés dans le Recueil de vos Actes; d'autres
ont été placés dans vos archives; quelques-uns, enfin,
sont confiés à diverses sections chargées d'en faire un
examen.

M. *Fabre,* de Tonneins, vous a communiqué :

Un mémoire sur la culture du colza, imprimé dans
les Actes de l'Académie;

Un travail sur la nécessité d'introduire une réforme
dans les instruments d'agriculture;

Une notice intéressante sur la culture du tabac.

M. *Marcel de Serres,* professeur à Montpellier, vous
a envoyé un mémoire sur la Tripolienne, inséré dans
vos Actes.

M. *Vallot,* de Dijon, a envoyé :

Une note curieuse sur des problèmes de géométrie,
imprimée dans vos Actes;

Une description des insectes qui dévastent la vigne;

Des observations sur la synonymie des poissons;

Enfin une dissertation sur l'écrevisse fluviatile.

M. *Guillon :*

Une instruction sur la culture du *madia sativa* et les résultats qu'il en a obtenus;

Un kilogramme environ de la graine de *madia* pour fournir le sujet de nouvelles expériences aux correspondants agricoles de l'Académie;

Un plan d'éducation pour les jeunes paysans des campagnes.

M. *Saint-Dizier* vous a adressé la suite du poëme sanscrit, intitulé *Naala*, dont la première partie a déjà paru dans vos Actes.

M. *T. Barrau* a communiqué à l'Académie un ouvrage propre à faire connaître les devoirs des instituteurs.

M. *Boucharlat* a envoyé les récits poétiques, ouvrage en 4 vol. in-18 : les trois premiers sont consacrés aux poëtes, aux orateurs, aux savants, et aux philosophes; dans le quatrième M. Boucharlat célèbre les guerriers. Cette production récente est une nouvelle preuve du goût pur de l'auteur, de l'élégante lucidité de son style, et de sa grande érudition; le lecteur apprendra de lui beaucoup de traits généralement ignorés, et acquerra une connaissance plus profonde de la vie intime de quelques grands hommes.

M. *Jasmin*, notre célèbre poëte gascou, vous a fait hommage de son second volume de poésies, intitulé comme le premier : *Las papillotas de Jasmin.*

M. *Soyer Villemet,* bibliothécaire de la ville de Nancy, a envoyé à l'Académie un mémoire sur la *gamme mineure*, et une dissertation sur le *cerastium manticum,* objet d'un rapport de M. Laterrade.

M. *Lesson,* naturaliste, vous a adressé :

Ses nouveaux tableaux du règne animal;

Des lettres archéologiques, historiques, et littéraires, sur la Saintonge;

Un catalogue méthodique des mammifères.

M. le baron d'*Hombres Firmas* vous a fait hommage d'un volume rempli de mémoires et d'observations sur divers points de physique et d'histoire naturelle.

M. *Dubroca* vous a adressé :

Une dissertation sur le sentiment du beau;

Un mémoire sur les organes du vol chez les oiseaux.

M. *Ad. de Roosmalen,* professeur de littérature à Paris, vous envoie les œuvres de Mme la princesse Constance de Salm, en 4 vol. in-8°, et se plaint dans une dissertation de l'envahissement du commerce et de l'industrie sur les lettres, les arts, et les sciences.

OUVRAGES ENVOYÉS PAR DES SOCIÉTÉS SAVANTES OU PAR DIVERSES PERSONNES.

M. *Jules de Canonge* envoie *Les premiers Solitaires;* recueil de poésies analysé par M. Gout Desmartres.

M. *Abria* envoie des *Recherches sur l'aimantation des courants;* objet d'un rapport de M. Valat.

M. *Bellin* adresse des *Préceptes de rhétorique;* ouvrage analysé par M. Sédail.

M. *Gimet de Joulan* envoie un drame : *Marie Stuart,* et une histoire des *Quatre Stuarts.*

M. *Bella* envoie un Programme de l'institution agronomique de Grignon.

M. *Elice*, docteur médecin, professeur de philosophie à Genève, communique à l'Académie une instruction sur les paratonnerres.

Le baron *Mussias* envoie une brochure qui a pour titre : *Philosophie de l'époque.*

M. *Bonafous*, de Turin, fait hommage à l'Académie : 1º de l'Éloge de Vincent Dandalo;

2º D'un Traité in-folio sur l'histoire naturelle du maïs.

M. *Cazenave*, docteur médecin, envoie un Mémoire sur les sondes et bougies en gélatine indestructible de l'ivoire.

M. *Ch. Laterrade* adresse 1º le Compte rendu des travaux de la Société philomathique; 2º l'Exposition des produits des arts et de l'industrie faite par les soins de la Société philomathique en 1841; 3º l'Analyse de Pantagruel, mise à la portée de la jeunesse.

M. *Sicard*, docteur médecin, écrit le 28 juillet 1841 qu'il a modifié l'appareil qu'il a déposé sur le bureau de l'Académie le 18 juin 1839 : la lettre de M. Sicard est réunie au dépôt.

Le docteur *Schiblizzi* adresse à l'Académie la Relation historique de la Méningite cérébro-spinale, qui a régné à Aigues-Mortes.

M. *Borchard*, docteur médecin, fait hommage à l'Académie de son Rapport sur l'épidémie de suette miliaire, qui a régné en 1841 dans le département de la Dordogne.

NÉCROLOGIE.

L'Académie a fait cette année des pertes bien sensibles dans la personne de trois de ses anciens membres, MM. Lartigue, Guilhe et Dargelas, et dans celle d'un de ses membres résidants, M. Gachet.

M. Lartigue, reçu membre de l'Académie en 1810, s'était livré particulièrement à l'étude de la chimie ; il y avait acquis une habileté peu commune, et presque toutes les questions d'intérêt public, où cette science fait autorité, lui furent soumises. On lui doit la première analyse méthodique des eaux de nos fontaines ; c'est lui qui le premier entreprit à Bordeaux la fabrication en grand des produits chimiques, et lui ouvrit ainsi une nouvelle branche d'industrie. L'Académie conservera religieusement le souvenir d'un homme qui ne fut pas moins recommandable par ses lumières que par l'utile emploi de sa vie.

— M. *Guilhe* faisait partie de l'Académie depuis 1799. Son heureuse et longue carrière fut toute consacrée aux sciences, aux lettres, et à l'instruction publique ; il a emporté les regrets d'une foule d'hommes honorables, restés ses amis après avoir été ses élèves ; des sourds-muets dont il fut l'instituteur et le second père ; des négociants qui suivirent l'école de commerce ; de tous ceux enfin qui eurent recours à ses lumières. L'Académie surtout regrette en lui le littérateur aimable, le savant modeste, l'homme d'un commerce égal, doux et facile : il est mort plein de jours, et cependant sa mort nous a semblé prématurée.

— **M.** *Dargelas*, ancien conservateur du Musée de Bordeaux, fut un de ces amis de la science qui, en 1797, parvinrent à réunir, sous le nom de *Société d'histoire naturelle*, les membres de l'ancienne académie, dispersés par la tourmente révolutionnaire. Il cultiva toute sa vie les sciences naturelles; mais l'entomologie fut sa spécialité : cette science lui procura pour correspondants nos plus habiles entomologistes, et plus d'une fois il est cité dans leurs écrits. On oubliera peut-être ses observations, car la science est oublieuse; mais on se souviendra toujours que dans les temps de proscription il sauva la vie de l'illustre Latreille, en exposant la sienne.

— **M.** *Gachet*, directeur du jardin de botanique, conservateur du cabinet d'histoire naturelle, était votre collègue depuis 1831.

Vous suiviez avec anxiété les phases d'une longue et douloureuse maladie; et, plus d'une fois, vous vous êtes félicités d'apprendre une amélioration qui semblait un retour à la santé, lorsqu'il y a peu de jours une mort prématurée l'a ravi à sa famille.

Le goût des sciences naturelles et la passion du travail lui avaient donné cette maturité de talent qui semble une prérogative de l'âge et de l'expérience : jeune encore, et parvenu à la position heureuse que son mérite lui avait faite, il devait espérer une longue carrière.

Vous l'espériez aussi; et vos regrets perpétueront au milieu de vous la mémoire d'un collègue également distingué par l'étendue de ses connaissances et par la douceur de son commerce.

— Vous avez perdu encore un de vos membres correspondants que l'institut, la pairie, le conseil d'état, revendiquaient à juste titre comme une de leurs gloires les plus pures; nous voulons parler du baron de Gérando, dont la vie entière fut un long hymne à la Providence : l'amour des hommes qui respire dans ses œuvres animait ses moindres actions; et vous ne me pardonneriez pas, Messieurs, de laisser échapper l'occasion d'exprimer vos regrets sur une tombe qui emporte tant de vertus.

ADMISSION DES MEMBRES RÉSIDANTS.

M. *Abria* vous avait adressé une demande d'admission en qualité de membre résidant, avec un mémoire sur *les phénomènes physiologiques dus aux courants d'induction.*

« Ce mémoire se distingue par un double mérite, celui d'expériences précises et délicates, et celui de l'observation qui découvre dans une série de faits la loi de leur formation. »

Vous n'aviez pas besoin de cette preuve nouvelle de sagacité et de talent pour apprécier le savant qui demandait à s'associer à vos travaux, et vous n'avez pas hésité à vous assurer une coopération utile en prononçant son admission.

M. *Magonty* a offert à l'Académie un Mémoire sur les différences de densité que l'on remarque dans certains corps, et principalement les métaux sous l'influence des circonstances variables de température et de pression lors de leur passage de l'état liquide à l'état solide. Ces faits, bien que remarqués avant M. Magonty, n'avaient pas été soumis à une analyse sévère, et ils l'ont conduit à des résultats importants, parmi lesquels est celui-ci : « Les quotients obtenus en divisant la densité de chaque molécule par son nombre proportionnel diffèrent peu les uns des autres ou sont dans des rapports simples. » Sur le mérite de ce travail et la réputation de l'auteur, vous avez été heureux d'associer à vos travaux ce chimiste distingué.

M. *Léonce Lamothe*, sous-chef de division à la préfecture de la Gironde, vous avait adressé une demande du titre de membre résidant, et vous avait présenté un *Essai historique sur l'église Saint-André de Bordeaux*.

Cette œuvre, fruit d'un savoir incontestable, semble résumer tout ce qui a été écrit sur un monument qui fait l'admiration de tous les amis des arts : divisée en cinq parties, elle comprend :

 L'histoire du monument,

 Sa description,

 L'examen de l'ornementation,

 Les travaux qui restent à faire,

 L'état de son clergé.

Le mérite réel de l'ouvrage et les travaux déjà publiés par son auteur lui ont facilement obtenu la faveur qu'il sollicitait.

M. *Boucherie* vous a fait connaître le désir qu'il avait d'être admis dans votre compagnie comme membre résidant, et vous a adressé à l'appui de sa demande un Mémoire sur la *pénétrabilité des bois*, qui a pour objet de compléter et de démontrer, à l'aide de nouvelles expériences, les vérités qu'il a déjà exposées dans son premier mémoire de la conservation et la coloration des bois en général : la haute réputation acquise à M. Boucherie par d'importantes découvertes vous a fait accueillir avec satisfaction une demande tendant à resserrer les liens d'estime et d'amitié qui l'unissent à la plupart d'entre vous.

Vous avez admis au nombre de vos membres correspondants, M. Eugenio Sismonda, docteur médecin, de Turin, auteur de plusieurs ouvrages estimés, et qui vous avait adressé une monographie des échidnés fossiles du Piémont, dont votre section des sciences naturelles a fait un bel éloge. Nou-seulement la monographie de M. Sismonda présente le mérite d'une bonne classification, mais encore elle fait connaître neuf espèces nouvelles : depuis il a envoyé à l'Académie un supplément à cet ouvrage qui complète ses recherches, et une méthode de classification des animaux.

Vous avez admis également M. l'abbé Grosse, curé de Fremonville, près Nancy; il vous a communiqué un Dictionnaire de statistique du département de la Meurthe, qui se distingue de la plupart des ouvrages du même genre par un style simple et sans prétention, et par une connaissance approfondie des lieux qui y sont décrits.

Vous avez accordé le même titre à M. Robinet, professeur d'un cours d'industrie séricicole à Paris, qui, à des connaissances théoriques profondes, joint une pratique habile de l'art qu'il professe ; sa visite à l'Académie, pendant son séjour à Bordeaux, vous a permis d'apprécier les améliorations qu'il a introduites dans l'éducation du ver à soie, dans les procédés de ventilation, et surtout l'appréciation des qualités de la soie.

M. *Ad. de Roosmalen*, professeur de littérature à Paris, a également obtenu le titre de membre correspondant sur la présentation d'un *Traité du débit oratoire* qui vous a paru renfermer une foule de remarques grammaticales pleines de sens. Vous y avez rencontré aussi un choix très-heureux de morceaux oratoires, notés et accentués par des signes conveuus qui permettent de comprendre et de suivre la méthode de l'auteur comme si on assistait à ses leçons.

Agriculture.

Vous avez reçu deux Mémoires sur le métayage, un sous le n° 5, avec l'épigraphe :

En agriculture une vérité, pour faire une lieue, met un siècle ;

L'autre sous le N° 9.

Le second est incomplet, et par suite ne remplit pas les conditions du programme ; mais le premier est l'œuvre d'un homme pratique et d'un esprit habitué à traiter les hautes questions que soulève l'agriculture dans ses rapports avec la Société.

La première partie a pour but l'énumération des réformes à introduire dans notre agriculture en général ; et, sous le rapport de l'art en lui-même, elle ne laisse rien à désirer. *La deuxième partie* est consacrée à lever les difficultés qui s'opposent à leur adoption dans la forme du *métayage*. Cette partie laisse à désirer plus de netteté et de développement.

Vous avez proposé des questions agricoles dans le double but, 1° d'encourager les agriculteurs à se rendre compte de leurs travaux, des méthodes qu'ils emploient, et des améliorations dont leur culture est susceptible ; 2° de composer, à l'aide d'une suite de monographies bien faites, une statistique agricole du département.

Vous n'avez reçu qu'un seul mémoire inscrit sous le n° 5, avec cette épigraphe :

Fortunatus ager longo quem villicus usu
Novit et exercet multâ cum prole !

Mais par la précision des réponses, l'ordre et la distribution des faits, il ressemble à un cours de mathématiques. C'est un mérite, et ce n'est pas le seul : les renseignements donnés sur chaque localité sont puisés à de bonnes sources, et l'auteur paraît avoir lui-même beaucoup observé et beaucoup cultivé.

M. *Lachapelle,* propriétaire à Gradignan, ayant appelé l'attention de l'Académie sur ses plantations de colza, vous avez nommé une commission pour les visiter et en rendre compte; il résulta du rapport de celle-ci que les cultures du colza étaient d'une beauté remarquable; que l'étendue des terres cultivées s'élève au delà d'un hectare.

Industrie.

Sur les questions industrielles posées dans le Programme de 1841, un seul mémoire a paru sans épigraphe, dont l'auteur propose la construction d'une ou de plusieurs usines mues par un courant d'eau, et portant un double jeu de scies, l'un destiné au bois, l'autre à la pierre; cette fabrication n'est pas nouvelle, et d'ailleurs il manque de documents à l'appui de son projet. Vous avez donc rejeté le mémoire et modifié la question proposée pour l'année prochaine.

Landes.

Vous aviez proposé une question sur la description des landes et sur tout ce qui se rattache à cette contrée sous divers rapports : un seul mémoire vous a été adressé avec cette épigraphe :

Si impiger fueris, veniet ut fons messis tua,
Et egestas longè fugiet à te.

Il résulte de l'examen de ce mémoire que l'auteur a traité toutes les parties de la question proposée; que les plus intéressantes l'ont été d'une manière satisfaisante; on reconnaît qu'il a observé lui-même, bien qu'il ait fait usage des écrits antérieurs. Son style parfois un peu prétentieux est en général pur et correct. L'Académie, considérant qu'il a été sans concurrent, a décidé qu'il lui serait accordé une médaille d'encouragement.

MM. *Lamarque jeune* et *Balan*, sculpteurs, chargés de réparer deux monuments de sculptures, dont l'un est à Saint-Michel, connu sous le nom d'autel de saint Joseph, l'autre est le siége épiscopal de saint Seurin, ont habilement fait disparaître le badigeon qui les couvrait, rétabli avec goût les parties enlevées, et rendu deux chefs-d'œuvre de sculpture à leur état normal. Vous leur avez accordé une médaille d'encouragement.

M. *Préau* vous a présenté des briques réfractaires qui ont été trouvées d'une qualité supérieure; la comparaison en a été faite avec :

1° Les briques anglaises de Stowfields;

2° Les briques de Fouguerolles;

3° Les briques des Pins francs;

4° Les briques de Gradignan.

Ce perfectionnement, vous l'avez récompensé par une médaille d'encouragement.

— Vous avez considéré dans le monument historique et artistique élevé par M. Ducourneau à son pays une idée grande et hardie; une publication de cette importance était encore sans exemple en province, et pourtant elle s'avance avec régularité; l'introduction de ce vaste travail n'a pas moins de 210 pages, et c'est l'ouvrage de M. Ducourneau lui-même : c'est un résumé historique où l'on reconnaît une plume habile et exercée; en conséquence, vous avez décerné à M. Du-courneau une médaille d'or.

M. *Clavière*, ingénieur civil à Bordeaux, a imaginé un système de chauffage continu à la vapeur, à l'aide duquel les gaz qui s'échappent de la houille sont en-flammés; de là une nouvelle source de chaleur qui est employée utilement à servir une chaudière, et déve-loppe par suite une force gratuite de trente à trente-cinq chevaux.

Pour comprendre ce résultat immense pour l'indus-trie, il faut observer que la houille est chauffée dans des fours, et passe à l'état de coke, avec un rende-ment qui augmente la valeur de la matière première.

Vous avez accordé à M. Clavière une médaille d'en-couragement.

M. *Girard*, fondateur de la Caisse de secours mu-tuels, a conçu l'heureuse idée de fournir à la classe malheureuse des ouvriers un médecin, une garde-ma-lade, et une subvention quotidienne, moyennant un versement modique de 40 c. par semaine; les ouvriers ne s'assemblent pas, ne perdent pas leur temps en al-lées et venues; des règles sévères, et sous la garantie des premiers magistrats de la ville, interdisent tout détournement des fonds pour un usage étranger, et l'on peut espérer que le paupérisme a trouvé dans cet établissement ou d'autres du même genre un redouta-ble adversaire.

Vous lui avez accordé une médaille d'or.

Concours de Poésie.

Sept pièces ont été adressées à l'Académie, dont sept ont dû être écartées comme traitant un sujet autre que celui qu'elle a proposé.

La pièce N° 3, qui a pour titre : *La Muse française,* est une ode dédiée à mon ami Alphonse de L....; elle a été mise hors du concours comme n'ayant point traité le sujet fixé par votre Programme.

Il en est de même des pièces :

> N° 4, intitulée : *Au ciel;*
>
> N° 8, *Éloge historique de Henri Fonfrède,* qui n'est qu'une plaisanterie indigne d'attirer votre attention;
>
> N° 11, qui ne contient qu'une fable : *Le Mulot;*
>
> N° 12, *Le Vieux Soldat de la vieille garde,* sans nom d'auteur ni billet cacheté.

Restent donc deux pièces, l'une sous le N. 10 : *Épître à un vieillard,* avec ce vers pour épigraphe :

> « La carrière des arts à tes yeux va s'ouvrir. »

Elle n'est point sans mérite, mais renferme plusieurs incorrections et manque de plan. Vous ne l'avez pas jugée digne ni du prix ni d'une mention.

L'autre, sous le N° 7, révèle des connaissances et un véritable talent, mais dont son auteur aurait pu faire un meilleur usage; il soutient que l'art n'existe pas, que c'est un nom que la vénalité à genoux devant le despotisme a jeté sur de futiles inventions : c'est une thèse tout comme une autre pour un homme à paradoxe; mais il ne faut pas se borner à quelques faits isolés; l'histoire donne dans son ensemble un démenti formel à toute assertion tranchante : celui qui la foule aux pieds comme celui qui l'encense sans mesure sont dans le faux l'un aussi bien que l'autre.

L'Académie n'accorde ni prix ni mention honorable et remet le même sujet pour le concours de 1843.

PROGRAMME

DE

L'ACADÉMIE ROYALE DES SCIENCES, BELLES-LETTRES ET ARTS

DE BORDEAUX.

—

Séance publique du 26 Novembre 1842.

—

§ Ier.

AGRICULTURE.

1° L'Académie a reçu un seul mémoire en réponse aux questions d'agriculture qu'elle a proposées pour sujet de concours : il a pour épigraphe :

Fortunatus ager quem longo villicus usu
Novit et exercet multá cum prole !

et fait connaître l'état de la culture des terres dans le canton de Créon ; l'auteur qui a rempli d'une manière satisfaisante la plupart des conditions du programme, et obtenu une médaille d'argent, est **M.** le vicomte de Lacolonge à Loupes (Créon).

L'Académie continue d'appeler l'attention des culti-vateurs sur le même sujet, et décernera, dans sa séance publique de 1843, une médaille de la valeur de 200 fr.[1]

2° L'Académie, ayant demandé quelles étaient les améliorations agricoles compatibles avec le système de *métayage* adopté généralement dans la Gironde, a reçu deux mémoires inscrits sous les n°s 1 et 9 : le second, n'ayant pas répondu complétement à la question, a été écarté. Le premier, d'un mérite réel, a obtenu une médaille d'or. L'auteur de ce mémoire est **M.** Marti-nelli, rue du Champ-de-Mars, n° 20.

La question est retirée du concours.

3° L'Académie avait proposé un prix à celui des agri-culteurs du département qui aurait cultivé avec le plus de succès le colza et autres plantes oléagineuses sur une étendue d'un hectare au moins.

Elle a la satisfaction de décerner une médaille d'or à **M.** Lachappelle père, à Gradignan, qui a obtenu de très-beaux champs de colza sur une étendue de deux hectares.

4° Une médaille de 200 fr. sera accordée à l'auteur du meilleur mémoire sur cette question : « A quelle époque et par qui furent introduites, dans l'ancienne province de la Guienne, la culture des mûriers et l'in-dustrie séricicole ?

---

[1] Nota. — Les questions imprimées se trouvent au Secrétariat de l'Académie, rue Saint-Dominique, n° 1 ; elles seront délivrées aux personnes qui en feront la demande.

» Quel serait, par rapport au climat et à la culture
du sol, le meilleur mode d'éducation et de culture ? »

§ II.

INDUSTRIE.

L'Académie avait proposé pour sujet d'un prix con-
sistant en une médaille d'or de la valeur de 300 fr. qui
devait être décernée dans la séance publique de 1841,
les questions suivantes :

« Indiquer un genre quelconque de fabrication susceptible de réussir soit dans le département de la Gironde, soit dans les départements limitrophes, qui puisse ouvrir à Bordeaux une branche nouvelle de commerce ;
» Désigner le lieu où cette fabrication devrait se fonder ;
» Établir par des renseignements exacts et par des
documents suffisants ses chances de succès, et surtout
le mouvement commercial auquel elle pourrait donner
lieu. »

Un seul mémoire, inscrit sous le n° 2, est parvenu
à l'Académie, mais il ne remplissait presque aucune
des conditions du programme, et a été écarté du concours.

L'Académie a cru devoir retirer la question, et l'a
remplacée par la suivante :

« Quels seraient les moyens de propager et d'étendre,
dans le département de la Gironde ou les départements
limitrophes, l'industrie des fils et des tissus, soit purs,
soit mélangés ?

» Établir, par des renseignements exacts et par des
documents suffisants, les chances de succès des nouveaux établissements, et surtout le mouvement commercial auquel ils pourraient donner lieu » ?

L'Académie propose une médaille d'or de la valeur
de 300 fr. à l'auteur du meilleur mémoire sur la question :

« Quels seraient les moyens les plus propres de re-
connaître et de constater l'origine et la qualité des vins
et eaux-de-vie livrés au commerce. »

§ III.

POESIE.

N° 3. *La Muse Française;* épigraphe :

> J'ai des chants pour toutes les gloires,
> Des larmes pour tous les malheurs !
> (CASIMIR DELAVIGNE.)

N° 4. *Au Ciel;* épigraphe :

> Let it suffice thee that know'st
> Or happy and without love
> No happiness.
> (MILTON.)

Nº 7. *Les Arts à notre époque ;* épigraphe :

> E pur si muove !
>
> (Galilée.)

Nº 8. *Éloge historique de Henri Fonfrède ;* épigraphe :

> Fonfrède, pur du sang humain,
>
> Jamais pour des honneurs infâmes,
>
> D'un crime n'eût souillé sa main !

Nº 10. *Les Arts à notre époque ;* épigraphe :

> *Épître à un vieillard.*
>
> La carrière des arts à tes yeux va s'ouvrir.
>
> (Helvétius.)

Nº 11. *Vani-Vana ;*

> *Le Mulot* (fable).

Nº 12. *Le Vieux Soldat de la vieille garde ;* épigraphe :

> Patriotisme, amour, charité, pcésie,
>
> D'un quadruple rayon illuminent ma vie.

Aucune des pièces mentionnées n'a obtenu le prix offert par l'Académie.

L'Académie décernera, dans sa séance publique de 1843, une médaille d'or de la valeur de 300 fr., à l'auteur de la pièce de vers qui sera jugée la plus digne de cette récompense; le sujet devra nécessairement être : « *Les arts à notre époque.* »

§ IV.

HISTOIRE.

1º Une médaille d'or de 300 fr. sera décernée, dans

la séance publique de 1844, à l'auteur du meilleur ouvrage ayant pour sujet

« L'éloge historique de Henri Fonfrède. »

2° Une médaille d'or de 300 fr. sera décernée, dans
la séance publique de 1843, à l'auteur du meilleur ouvrage ayant pour sujet

« L'éloge historique de Lainé, ancien ministre. »

§ V.

LÉGISLATION.

Une médaille d'or de 300 fr. sera décernée, dans la
séance publique de 1843, à l'auteur du meilleur mémoire ayant pour objet de

« Rechercher l'ensemble des mesures législatives à
provoquer pour étendre à tous les sourds-muets de la
France le bienfait de l'éducation. »

§ VI.

ÉCONOMIE SOCIALE.

L'Académie avait proposé pour sujet d'un prix à
décerner :

« Description des usages, des instruments, et des
procédés de culture et d'industrie, des habitants des
Landes; notions détaillées sur leur langage, leur manière de se nourrir et de se vêtir, en un mot sur leur
état intellectuel, moral, et physique. »

Un seul mémoire a été reçu et inscrit sous le n° 6 : l'auteur a traité d'une manière satisfaisante la plupart des questions renfermées dans le programme : en conséquence, il a obtenu une médaille d'argent, et la question a été retirée du concours.

L'Académie décernera, dans sa séance publique de 1843, un prix de 200 fr. à l'auteur du meilleur mémoire sur la question suivante :

« De quelle utilité pourrait être aux propriétaires de vignes du département la création d'une banque vinicole spéciale ? »

Une médaille d'or, de la valeur de 100 fr., sera accordée à l'auteur du meilleur mémoire sur les questions suivantes :

« Présenter les détails statistiques et historiques, à l'aide desquels il est possible de suivre et d'expliquer l'accroissement du prix du combustible à Bordeaux, depuis le commencement du 19° siècle ;

» Indiquer les moyens qui auraient dû être adoptés pour prévenir cet accroissement de prix, et qu'il serait encore opportun de prendre pour en arrêter la progression. »

§ VII.

PRIX DECERNES.

L'Académie accorde :

1° Une médaille d'or à M. J. Martinelli, auteur d'un mémoire sur le métayage ;

2° Une médaille d'or à M. Lachappelle père, pour ses champs de colza ;

3° Une médaille d'or à M. Girard, fondateur de la caisse de secours mutuels à Bordeaux ;

4° Une médaille d'or à M. Ducourneau, auteur de la Guienne historique et monumentale ;

5° Une médaille d'argent à M. Clavière, ingénieur civil, pour un appareil de chauffage continu à la vapeur ;

6° Une médaille d'argent à M. Léon Bleynie, auteur d'un mémoire sur les Landes ;

7° Une médaille d'argent à M. de Lacolonge, pour un mémoire sur les questions agricoles proposées par l'Académie ;

8° Une médaille d'encouragement à MM. Lamarque jeune et Balan, sculpteurs, pour la restauration de divers monuments religieux ;

9° Une médaille d'encouragement à M. Préau, pour sa fabrication de briques réfractaires.

§ VIII.

ENCOURAGEMENTS DIVERS.

L'Académie décernera, dans sa séance publique 1843, ainsi qu'elle l'a fait dans ses séances antérieures, des médailles d'encouragement *aux agriculteurs* et aux artistes qui lui auront communiqué des travaux utiles, ou qui auront formé des établissements nouveaux à Bordeaux ou dans le département.

Une semblable marque d'intérêt sera accordée *aux recherches archéologiques*, aux écrits qui feront connaître la vie et les travaux des hommes les plus remarquables du département de la Gironde, et aux communications qui seront faites à l'Académie d'objets d'art, de médailles, d'inscriptions, ou autres documents historiques, provenant de fouilles faites à Bordeaux ou dans le département.

Elle destine également des médailles aux observations météorologiques et aux recherches qui ont pour objet de constater l'influence que l'atmosphère, considérée dans ses divers états, exerce sur la végétation.

§ IX.

CONDITIONS GÉNÉRALES.

Les ouvrages envoyés au concours doivent porter une sentence et un billet cacheté renfermant cette même sentence, le nom de l'auteur, et son adresse.

Les billets ne seront ouverts que lorsque les ouvrages auront été jugés dignes du prix, ou d'une récompense académique.

Sont dispensées de cette formalité les personnes qui aspirent aux médailles d'encouragement, et les concurrents aux prix qui exigent ou des recherches locales, ou des procès-verbaux d'expériences qu'ils auraient faites.

Les personnes de tous les pays sont admises à concourir, excepté les membres résidants de l'Académie.

Les concurrents sont prévenus que les mémoires couronnés ne doivent pas être publiés comme tels par les auteurs, sans le consentement de l'Académie.

Les ouvrages envoyés au concours ne seront point rendus aux auteurs; ils auront la liberté d'en faire prendre des copies, en se faisant connaître.

Art. 29 *du Règlement de l'Académie.* Les manuscrits envoyés au concours doivent rester aux archives tels qu'ils ont été cotés et parafés par le Président et le Secrétaire, et ne peuvent, dans aucun cas, être déplacés. Toutefois l'Académie ne s'arroge aucun droit sur le mémoire lui-même, qui demeure toujours la propriété de l'auteur; il peut en disposer à son gré, sans qu'il soit nécessaire de demander aucune autorisation à cet égard.

Art. 30. Les mémoires couronnés par l'Académie ne peuvent être publiés par les auteurs sans le consentement formel de la Compagnie, qui ne l'accordera qu'autant qu'elle aura la certitude que l'ouvrage imprimé sera en tout conforme au mémoire manuscrit couronné par elle et déposé aux archives. Cet article et l'article précédent seront insérés dans le programme.

Les mémoires, écrits en français ou en latin, seront envoyés, franc de port, avant le 1ᵉʳ septembre, au Secrétariat général de l'Académie, hôtel du Musée, rue Saint-Dominique, n° 1.

Ferdinand **LEROY**, *Président.*

VALAT, *Secrétaire général.*

DES

ASSOCIATIONS DE BIENFAISANCE

ET PARTICULIÈREMENT

DE LA CAISSE DE SECOURS MUTUELS

Établie à Bordeaux ;

Par M. VALADE-GABEL.

—

MESSIEURS,

Si, parmi les travaux que l'Académie est appelée à juger, il en est auxquels elle doive encouragement et récompense, ce sont assurément ceux qui ont pour but le bien-être des classes ouvrières et leur moralisation. Question grave, question immense, que le temps seul résoudra complétement, mais dont les économistes doivent dès à présent se préoccuper d'une manière sérieuse.

On a, dans ces derniers temps, beaucoup disserté sur le paupérisme, on a beaucoup discouru, beaucoup écrit; mais qu'a-t-on fait pour en arrêter les progrès?

Il faut bien le dire, Messieurs; car, en présence de cette lèpre qui s'étend autour de nous et apparaît de jour en jour plus envahissante et plus hideuse, que servirait de le nier? tous les essais tentés jusqu'ici ont complétement échoué. La population des hospices s'est accrue dans d'énormes proportions; les dépôts de mendicité sont encombrés; les bureaux de charité voient leurs ressources insuffisantes; et cependant le paupérisme grandit.

Il grandit, Messieurs, et il devait en être ainsi. On ne transgresse pas impunément les lois inflexibles de la logique, et celui qui s'attache à combattre les effets sans s'inquiéter des causes qui les amènent, celui-là n'a pas le droit de se plaindre de l'inutilité de ses efforts.

A Dieu ne plaise que nous voulions déverser un blâme inconsidéré sur ces asiles que la charité chrétienne ouvre à toutes les infortunes! Nous avons hâte de le dire, les hospices seront toujours nécessaires, indispensables, parce qu'il y aura toujours, quels que soient les progrès de la civilisation, des malheureux dont il faudra calmer les douleurs sans leur demander pourquoi ils souffrent. Tel est, en effet, le rôle que, sublime dans son imprévoyance, la charité s'est assigné; mais, après avoir proclamé le bien qu'elle a fait, et tout en reconnaissant celui que le christianisme peut faire encore, ne saurait-on chercher le moyen de diminuer de quelques-unes les sources des humaines misères?

Nous l'avons dit, la question qui, à l'époque actuelle, domine toutes les autres, celle qui réclame le plus impérieusement une solution immédiate, c'est le paupérisme. Nous allons, Messieurs, dans une discussion rapide, en rechercher les causes; nous appellerons ensuite votre attention sur un genre d'établissement destiné, selon nous, à y porter un efficace remède.

Et d'abord, s'il est de fait, comme nous le croyons, que la population de nos grands centres manufacturiers fournit à la classe des mendiants un contingent nombreux, n'est-il pas évident que, tarissant cette source du mal, on l'aura plus d'à moitié extirpé de partout?

Et pour y parvenir est-il un moyen plus sûr, en est-il un autre que d'éclairer la classe ouvrière sur ses véritables intérêts, de lui donner le secret de sa propre force, et de l'amener enfin à améliorer son sort par elle-même ?

La misère n'est qu'un effet. Plusieurs causes la produisent, et parmi ces causes je signalerai comme les principales :

L'imprévoyance de l'ouvrier, ou plutôt son insouciance de l'avenir;

Le solde quotidien de ses journées. Le prix du travail, arrivant ainsi par petites portions, ne permet pas à l'ouvrier de croire à la possibilité de faire des épargnes; il ne voit que des fractions sans importance, et n'aperçoit pas le capital que, réunies, ces fractions peuvent former au bout d'un certain nombre d'années;

L'accroissement de la famille trop souvent hors de proportion avec les ressources du chef;

L'envahissement successif des ateliers par les machines, envahissement inévitable et qui produira d'heureux fruits; mais qui, par la perturbation qu'il apporte momentanément dans quelques industries, est certainement pour l'ouvrier un mal actuel;

La modicité des salaires qui sont loin, du moins dans les grandes villes, de se maintenir en rapport avec la cherté croissante des vivres;

Enfin les maladies; les maladies destinées peut-être à resserrer les liens de la famille quand ses membres ont la douce et triste consolation de souffrir ensemble, mais qui relâchent ou détruisent ces liens sacrés, qui inoculent en quelque sorte l'ingratitude au cœur des enfants quand la pauvreté les oblige à envoyer souffrir et mourir au loin le père et la mère dont la vie ne fut pour eux qu'une longue chaîne d'amour, de dévouement, et de sacrifices; les maladies qui absorbent en peu de jours les économies de l'ouvrier laborieux et obligent celui qui n'a pas su ou qui n'a pas pu faire des épargnes à recourir aux hôpitaux d'où il sort presque toujours sans courage et sans travail, quand il aurait le plus besoin de travail et de courage.

Assurément, Messieurs, de toutes les causes de misère dont je viens de faire la triste énumération, celle-là est la plus générale et la plus funeste. C'est donc celle à laquelle on doit porter le premier remède, celle dont il faut avant tout s'efforcer d'atténuer les cruels résultats.

Voilà le but précisé, nettement et clairement déterminé; mettre l'ouvrier malade à même de recevoir les soins convenables, lui procurer les médicaments nécessaires, et, jusqu'à la guérison, subvenir aux besoins les plus urgents de sa famille, tel est le problème auquel il s'agit de trouver une solution.

Ne perdons pas de vue le double objet que nous nous proposons. N'oublions pas que nous voulons non-seulement tarir une source de maux pour l'ouvrier, mais aussi le rendre meilleur, et, au besoin, faire de lui un honnête homme. Nous nous garderons donc bien de recourir à des moyens qui ne soient pas de nature à le relever à ses propres yeux. Nous n'emploierons que ceux qui peuvent lui rendre l'estime de soi, la confiance en lui-même, source de tous les sentiments généreux. Il suit de là que c'est l'ouvrier, l'ouvrier seul qui doit venir en aide à l'ouvrier. Tout secours venu d'ailleurs serait une aumône, et à ce titre repoussé. L'association dans le malheur! le mutualisme! voilà le principe auquel il faut demander la régénération de la classe ouvrière.

Et je dois faire remarquer ici que cette classe elle-même a depuis longtemps instinctivement compris que c'est dans ce principe qu'elle devait chercher son salut. C'est, en effet, de cette vérité profondément sentie qu'est né le compagnonnage, institution que les vices inhérents à son organisation ont malheureusement empêchée de produire tout le bien qu'on était en droit d'en attendre. On peut en dire autant de ces associations de bienfaisance que depuis quelque temps la ville de Bordeaux a vu s'établir dans ses murs. Pour faire connaître ces associations, je ne saurais mieux faire que de citer ici, Messieurs, le passage suivant d'une lettre qu'un des plus habiles administrateurs de la cité, M.

Gautier aîné, adressait le 17 mai 1841 à M. le Préfet de la Gironde.

« Ces associations, dit-il, rendent des services, parce que leur principe natif est bon en lui-même; mais elles offrent de graves inconvénients, parce qu'à ces éléments de bien se sont mêlés d'autres éléments étroits et égoïstes qui pourront nécessiter peut-être dans un temps peu éloigné leur dissolution. Tous les métiers à Bordeaux ont leur association de bienfaisance, quelques-uns même sont divisés en plusieurs associations, mues à leur insu par des idées égoïstes qui rendent ces groupes ennemis, parce qu'ils représentent des intérêts opposés. Les ouvriers corroyeurs, les ouvriers cordonniers, les maîtres bottiers, les maîtres tailleurs, les ouvriers tailleurs, et vingt autres divisions de métiers, ont des associations particulières où des intérêts opposés se discutent, se défendent, ou s'attaquent. Toutes ces associations, qui ont bien réellement eu pour mobile primitif une idée bienfaisante de mutualisme, donnent cependant naissance à des discussions, sources de coalitions de maîtres ou d'ouvriers qui troublent la bonne harmonie qui doit régner dans les divers états. Elles entretiennent une division que l'esprit de nos institutions libérales tend toujours à effacer, en recréant malgré elles ces corporations que nos mœurs repoussent, et qui ne sont qu'une exhumation d'un passé heureusement loin de nous. »

A ces inconvénients déjà si nombreux, nous ajouterons le gaspillage des deniers communs, suite nécessaire d'une mauvaise administration; le détournement des fonds de leur destination primitive ; la perte de temps qui résulte de réunions fréquentes et obligées (et pour l'ouvrier, vous le savez, Messieurs, le temps c'est l'argent); le danger de délibérations où s'agitent parfois des questions politiques ; enfin, et par-dessus tout, les rixes dont le récit nous attriste trop souvent, et qui sont la conséquence naturelle des rivalités qui s'établissent entre les divers corps de métiers.

Je pourrais appuyer mes assertions d'un document précieux imprimé dans les Actes de l'Académie ; vous ne l'avez point oublié ; en 1839, M. le Préfet de la Gironde ayant soumis à votre examen un grand nombre de projets de statuts pour des associations de bienfaisance mutuelle, la section des sciences mathématiques, par l'organe de notre honorable collègue, M. Valat, déclara qu'elle avait été chargée d'éclairer une question sociale de la plus haute importance, démontra l'impossibilité actuelle d'établir une théorie mathématique des associations de bienfaisance mutuelle, enfin, elle mit à nu les vices de tous genres que renfermaient les onze projets de statuts soumis à ses investigations.

Telle est cependant, Messieurs, l'énergie vitale du principe qui a donné naissance à ces sociétés, que, malgré les inconvénients inséparables de leur constitution, la plupart se maintiennent et que le compagnonnage subsiste encore. Quels heureux fruits ne produirait donc pas une réunion d'intérêts similaires prudemment organisée, administrée sagement, assise enfin sur des bases larges et libérales ?

En cela semblables aux germes destinés à la reproduction des plantes, il est des idées qui germent et grandissent avec une étonnante rapidité, tandis que d'autres ne se développent qu'avec une sage lenteur, après avoir subi les épreuves du temps.

En 1750, un M. de Chamousset eut la pensée de créer une caisse de secours mutuels.

On lit dans les *Mémoires secrets pour servir à l'histoire de la république des lettres* :

« M. de Chamousset, ce citoyen estimable, qui a toujours consacré son temps, ses talents, et sa fortune, à divers projets utiles, avait répandu, il y a près de vingt ans, l'idée d'une maison d'association pour Paris, où les souscripteurs auraient trouvé, en cas de maladie, les secours les plus variés, les plus abondants, et les plus soutenus.

» Ce plan ne s'exécuta pas et ne fit aucune fortune, sous quelque point de vue favorable qu'il fût présenté. L'auteur a remanié son projet, l'a rendu plus praticable, plus étendu, et surtout plus attrayant pour la cupidité, ce mobile de nos actions. Il vient de publier un mémoire sur l'établissement de compagnies qui procureront en maladie les secours les plus abondants et les plus efficaces à ceux qui en santé paieront une trèspetite somme par an ou même par mois.

» L'auteur établit d'abord de quelle importance est pour le royaume une pareille compagnie d'assurances, bien préférables à celles qui n'ont pour objet que les naufrages et les incendies. Il en conclut combien le gouvernement doit protéger et encourager de pareils établissements qu'il propose à toutes les grandes villes de France, d'où il résultera entre les citoyens une fraternité fort utile.

» Il établit la sûreté de l'exécution sur l'intérêt même de ces compagnies qui, étant le même que celui du public, seront obligées de bien traiter leurs malades pour en avoir plus, puisque les profits seront en raison du nombre. »

Quelques années après, en 1783, un respectable prélat, Mgr. de Cicé, que ses hautes vues administratives firent bientôt appeler aux éminentes fonctions de garde des sceaux, avait conçu la pensée d'une institution du même genre, assise sur des bases à peu près semblables. Les devoirs de sa position nouvelle mirent malheureusement obstacle à la réalisation de ce projet.

Plus heureux que ses devanciers, un de nos concitoyens, M. Girard, a réussi à fonder dans cette ville une caisse de secours mutuels qu'il a sagement placée sous le patronage de l'administration municipale.

Moyennant une cotisation de 5 cent. environ par jour (40 cent. par semaine), chaque souscripteur malade reçoit visites de médecin, soins de chirurgien et de garde-malade, bains, médicaments, subventions pécuniaires, etc. L'établissement va même jusqu'à assurer à ses membres décédés une honorable inhumation.

Voici comment, dans la lettre que j'ai déjà eu occasion de citer, s'exprime, au sujet de l'institution Girard, l'écrivain consciencieux qu'une publication récente vient de mettre au rang de nos littérateurs les plus distingués :

« Ces inconvénients, dit-il, en parlant de ceux qu'il vient de signaler dans les associations par corps d'état, ne se retrouvent pas dans l'association dite *caisse des secours mutuels;* elle seule, entre toutes les associations, est fondée sur une idée véritablement libérale et administrative; elle admet, non pas un corps d'ouvriers, non pas une classe d'hommes, mais tous les hommes, tous les ouvriers; elle prend ses sociétaires partout où se trouvent des individus, hommes ou femmes, qui sentent le besoin de se créer un appui. Il n'y a pas pour elle d'intérêts opposés : elle est l'image de la grande famille politique où tous les hommes sont frères et ont des droits égaux. A quel état, à quelle profession qu'ils appartiennent, une fois entrés dans l'association, ils se soutiennent et se prêtent un mutuel appui. Il n'y a point d'assemblées délibérantes; il ne saurait, en effet, y avoir d'occasion d'en convoquer; l'administration de la compagnie est formée de sommités sociales au-dessus de tout soupçon; elle est toujours surveillée et dirigée par l'autorité, puisque le préfet du département, le maire de la ville, des adjoints, des chefs de services civils, et des industriels haut placés, forment son administration particulière, et pour la garantie des sociétaires, des comptes rendus sont publiés et remis à chaque intéressé. »

Les statuts de cet établissement ont été rédigés avec soin par des hommes spéciaux : aussi la confiance qu'il inspira d'abord va-t-elle toujours croissant. On commença avec deux ou trois actionnaires, et par un progrès lent, mais soutenu, qui prouve mieux que tous les raisonnements que le succès n'est pas dû à un engouement passager, on est successivement arrivé à plus de mille.

L'association a eu ses jours d'épreuves : son fondateur a dû faire bien des tâtonnements; d'injustes préventions, des oppositions latentes, ont occasionné des luttes et des temps d'arrêt. Mais la patriotique persévérance de M. Girard et des hommes honorables qui se sont associés à son œuvre ont surmonté tous les obstacles. Le service médical fonctionne avec un ordre et une exactitude remarquables, et l'établissement, dont, pendant les six premiers mois, le fondateur fit tous les frais, possède aujourd'hui un fonds de réserve (5,000 fr.).

Nous pourrions encore, Messieurs, vous faire entrevoir une foule d'autres conséquences avantageuses qui résulteront un jour pour la société de la moralisation de la classe ouvrière par la classe ouvrière elle-même.

Nous pourrions démontrer qu'une institution qui tend à faire décroître le chiffre des ménages inscrits au bureau de charité et à diminuer la population des hospices, est un bienfait pour ceux-là mêmes qui seront forcés d'y recourir encore; car les secours seront mieux proportionnés aux besoins à mesure que le nombre des pauvres diminuera. Qui n'est effrayé en songeant qu'un dixième de la population de Bordeaux est inscrite, aujourd'hui, sur les registres des bureaux de charité?

Dans les troubles qui affligèrent notre ville, en 1841, aucun des sociétaires de la caisse de secours mutuels ne se trouva compris dans les nombreuses arrestations qui eurent lieu [1].

Il n'est plus permis d'en douter : à mesure que le peuple sera plus heureux, il se montrera plus sage, plus attaché aux institutions qui le régissent; il ambitionnera moins une part aux droits politiques, quand ceux qui jouissent de ces droits se seront, autant qu'ils le doivent, préoccupés de ses besoins, de ses souffrances, et de sa moralisation.

La voix de la Religion elle-même ne serait-elle pas mieux écoutée si la misère n'avait paralysé les cœurs, si de funestes habitudes n'avaient dégradé l'intelligence? Qui l'ignore aujourd'hui? l'extrême opulence et l'extrême pauvreté produisent, quant aux mœurs, des effets semblables.

Mais qu'est-il besoin d'insister, Messieurs, pour vous faire sentir qu'il est utile de donner un témoignage d'estime et de confiance à l'institution dont le zèle intelligent de M. Girard a doté la ville de Bordeaux?

La culture des lettres, la gloire des arts, les progrès des sciences, vous préoccupent tour à tour; l'art de faire le bien, la science de la bienfaisance, pour me servir de l'heureuse expression de notre honorable président, vous trouveraient-ils froids et insouciants, quand l'application des sciences physiques aux arts industriels porte la perturbation dans une foule d'existences !

[1] Ce fait est constaté par M Gautier, adjoint, chargé de la police de sûreté.

Si parmi les membres qui prêtent à cette lecture une attention si bienveillante, il en était quelqu'un dont M. Girard ne fût pas personnellement connu, et qui pût croire à une spéculation uniquement inspirée par une pensée égoïste, à celui-là je dirais :

Si M. Girard, qui offre à plusieurs milliers de nos concitoyens le moyen d'éviter les angoisses de l'isolement et de l'abandon, trouve dans le bien qu'il fait une source de prospérité pour lui-même, qui saurait le lui reprocher? n'est-ce pas, pour la société qu'il dirige, une nouvelle garantie de stabilité et de progrès?

Mais, Messieurs, il ne s'agit pas ici de décerner à M. Girard une récompense personnelle. Ce que je demande, c'est que vous donniez à l'institution qu'il dirige un éclatant témoignage d'intérêt, que vous déclariez hautement que vous le croyez digne à tout égard de la confiance populaire. Par là, vous faciliterez à cet établissement le moyen d'obtenir la haute sanction du gouvernement, sanction qui peut seule lui donner le caractère d'utilité publique dont il doit être revêtu pour se propager et devenir partout le complément nécessaire des caisses d'épargnes, à côté desquelles son importance lui assure la première place.

RAPPORT

SUR

LA PROPOSITION DE M. VALADE-GABEL,

relative à la caisse de secours mutuels.

(Séance du 24 novembre 1842.)

—

La Commission chargée par l'Académie, dans sa séance du 17 novembre dernier, de l'examen d'une proposition de M. Valade-Gabel, sur la fondation d'une caisse de secours mutuels, s'est réunie le 20 du même mois. Elle a examiné d'un côté les documents fournis par M. Girard, directeur de l'établissement ; de l'autre, les considérations présentées par M. Valade-Gabel. Elle s'est convaincue que les moyens employés depuis plus de quatre ans pour assurer le succès de cette œuvre philanthropique, d'une haute importance, ont concouru d'une manière efficace à la solution d'un problème qui peut exercer une heureuse influence sur la moralité et le bien-être de la classe ouvrière.

Comme vous l'avez reconnu, Messieurs, il y a deux

ans (2 avril 1840), lorsque vous avez approuvé les conclusions d'un rapport fait sur les Sociétés de bienfaisance, toute association d'ouvriers du même état pour le secours de chacun de ses membres, en cas de maladie ou d'infirmités, n'a aucune chance de succès, parce qu'elle réunit trop peu d'associés et présente de graves dangers à beaucoup d'égards, quand elle est réalisée avec quelque vigueur, soit en revêtant un caractère politique contraire à son but, soit en éloignant de leurs travaux habituels des ouvriers qui vivent avec peine, soit en leur inspirant des goûts de dépense et de dissipation.

Dès lors, et c'est à regret qu'une telle conséquence ressortait de ce travail comparatif, il fallait se résigner à voir le mal sans le corriger, ou à dissoudre des associations suggérées par un sentiment généreux ou imposées par la nécessité.

Eh bien, il n'en sera pas ainsi dès l'instant qu'il sera possible de réaliser le bien que veulent opérer ces Sociétés de bienfaisance, sans tomber dans les inconvénients graves et nombreux qu'elles avaient rencontrés, qu'elles devaient rencontrer dans le principe d'association active, jusqu'alors adopté.

M. Valade-Gabel nous paraît avoir démontré complétement que l'établissement fondé par M. Girard remplissait la double condition que nous venons d'indiquer, autant qu'il est permis à une entreprise humaine, comptant à peine quatre ans d'une action régulière et d'un genre si différent de toutes celles qui ont été tentées dans le même but.

Les faits sont publiés et ont reçu un contrôle sévère de la part d'une administration vivement intéressée à en accuser l'inexactitude ou l'exagération. L'œuvre compte environ mille souscripteurs : tous les six mois est imprimé un compte rendu des dépenses et recettes, et l'établissement sur les versements effectués est déjà en possession d'une réserve de 5,000 fr.; réserve qui croîtra sans doute, mais déjà assez forte pour démontrer que le bien promis a été réalisé, et que des pensions annuelles pourront être accordées aux ouvriers invalides, soit par accident, soit par infirmités naturelles, proportionnellement à la durée de leurs souscriptions.

Quant à la question importante soulevée sur la légalisation des statuts, la Commission a cru devoir l'écarter par diverses considérations qu'elle soumet à la sagesse de l'Académie. 1° Elle n'a pas été appelée à en faire l'examen. M. Girard ne refuse pas la discussion, mais il n'a pas songé à la provoquer de votre part ; il présente un établissement fondé dans un but évident d'utilité publique et de haute moralité. Il constate par des documents authentiques que le but est atteint, et dès lors il a droit aux encouragements que vous décernez à toute œuvre dont vous reconnaissez la valeur.

2° La question des statuts est de pure forme, et le Conseil d'état discute, non pour savoir si l'établissement continuera d'exister, mais pour engager le fondateur à étendre son action par une disposition réglementaire dont M. Girard conteste l'avantage. L'Académie ne doit pas se préoccuper d'un débat dont on ne l'a pas investie, et la Commission n'a pas cru pouvoir en délibérer, quelle que fût son opinion sur une difficulté qui probablement a disparu ou va disparaître après un plus ample informé.

Par ces considérations, la Commission approuve la proposition de M. Valade-Gabel, s'en référant pour les détails à l'excellent mémoire qu'il a lu à la séance extraordinaire du 17 novembre dernier, et demande qu'il soit décerné au directeur de cette œuvre une médaille d'or, dont la valeur sera déterminée par le Conseil d'administration.

Les conclusions de la Commission ayant été adoptées, une médaille d'or a été décernée à M. Girard dans la séance publique du 26 novembre 1842.

Membres de la Commission :

JOUANNET,
RABANIS,
DARRIEUX,
VALADE-GABEL,
VALAT, *rapporteur*.

AMÉLIORATIONS

A INTRODUIRE

DANS LE MÉTAYAGE

dans les départements du sud-ouest de la France;

PAR M. MARTINELLI [1].

—

> En agriculture une vérité, pour faire une lieue, met un siècle.
>
> (MALESHERBES.)

NÉCESSITÉ DU MÉTAYAGE.

L'exploitation par maître-valet suppose un propriétaire pouvant consacrer tout son temps à la gestion de son domaine et y employer les capitaux nécessaires. Le fermage n'est profitable qu'avec des tenanciers capa-

[1] Ouvrage couronné par l'Académie de Bordeaux dans la séance du 26 novembre 1842.

bles de diriger une culture perfectionnée, et pourvus également des capitaux qu'elle réclame. Ces deux modes d'exploitation sont rarement praticables dans nos contrées : les propriétaires retenus à la ville par leurs occupations ne peuvent donner tout leur temps à la culture; d'ailleurs les métairies sont en général d'une faible étendue, et rarement groupées de manière à pouvoir former un grand corps de domaine; par conséquent peu d'exploitations par maître-valet. D'un autre côté le fermage est impossible avec nos colons ignorants et dépourvus des fonds qui seraient nécessaires soit pour offrir au bailleur une garantie de solvabilité, soit pour appliquer une culture perfectionnée. Le métayage est donc une nécessité pour nous : tâchons d'en tirer le meilleur parti possible.

INCONVÉNIENTS DE CE SYSTÈME.

Les inconvénients de ce système sont graves assurément. On remarque que c'est dans les pays de métayage que la culture est le plus arriérée; cela s'explique aisément : les colons partiaires ne possèdent d'autres notions agricoles que celles qu'ils ont acquises par leur expérience personnelle et celle de leurs devanciers. Obstinément attachés à leur routine, ils repoussent toute innovation, soit par esprit d'habitude, soit par crainte de compromettre leurs moyens d'existence. Le maître est sur ce point sans autorité sur eux, car ils sont associés et non simples salariés; ils partagent par conséquent avec lui le droit de gestion dans l'affaire

commune. D'un autre côté les réformes exigent des a-
vances; ils sont incapables d'en faire. Le propriétaire
serait le plus souvent en mesure de les fournir, mais
il s'en garde bien, parce qu'il serait obligé de partager
avec le métayer le profit des avances qu'il exposerait
seul. Du reste, l'infériorité du métayage résulte clairement de la comparaison qu'on peut faire de la valeur
des terres et de leur revenu dans ceux des départements du Nord et du centre, qui sont soumis au fermage, et dans les départements du Midi régis par métayers. Dans le département du Nord, par exemple, le
revenu net de l'hectare est de 93 fr., le prix de l'hectare est de 4,000 fr.; dans le département de Seine-
et-Oise, revenu net 60 fr., prix 2,400 fr.; dans le
Gers, revenu net 30 fr., prix 1,200 fr. On dira peut-
être que cette disproportion résulte de celle qui existe
dans la fertilité des sols. Cela est vrai, mais cette différence de fertilité n'a elle-même d'autre cause que la
différence de culture améliorante dans le Nord, sta-
tionnaire dans le Midi.

Nous avons signalé le mal et ses causes : peut-on le
guérir, ou tout au moins l'atténuer? nous le croyons;
et afin que les propriétaires auxquels nous soumettons
nos observations ne les accueillent pas avec trop de
défiance, nous leur dirons que nous ne leur conseillons
ici que des réformes que nous avons reconnues praticables et utiles d'après notre expérience personnelle.
Nous savons qu'en toute matière, mais en agriculture
surtout, les hommes qui parlent de leurs œuvres sont
écoutés avec défiance à cause du penchant involontaire

qui les porte à dissimuler leurs fautes et à exagérer leurs succès. Nos essais personnels sont si obscurs, les réformes que nous avons adoptées sont si universellement connues, qu'il ne peut y avoir dans tout cela matière à amour-propre. Lors donc qu'en exposant nos idées, il nous arrivera de parler des applications que nous en avons faites, ce sera avec la plus entière impartialité.

PLAN DE CE TRAVAIL.

Afin que la tâche que nous remplissons ici renferme quelques enseignements utiles, il faut qu'elle ait un caractère spécial et local. Celui qui entreprendrait d'indiquer des améliorations indistinctement applicables à tous les pays régis par le métayage ne pourrait énoncer qu'un petit nombre de théories fort vagues et fort générales. Mais si l'on veut entrer plus avant dans la question et aborder les difficultés de près, il faut appliquer son examen à une contrée dont on connaisse bien le sol, les procédés agricoles, les ressources, et les besoins locaux. Nous prendrons le département de Lot-et-Garonne, parce que nous le connaissons plus particulièrement, et ensuite parce que les départements qui l'avoisinent se trouvent à peu près dans les mêmes conditions que lui, le Gers, le Tarn-et-Garonne, partie du Lot, de la Dordogne, de la Gironde; et dans ces départements mêmes nous ne parlerons que des terres de coteaux, soit parce qu'elles forment la plus grande étendue de leur territoire, soit parce que la

culture arriérée et le sol ingrat y appellent plus particulièrement les améliorations. Les propriétaires des
riches terrains d'alluvion, qui forment le bassin des
rivières, ont peu d'efforts à faire pour améliorer leur
culture. Nous espérons d'ailleurs qu'ils trouveront ici
quelques instructions applicables à leur position particulière.

Nous indiquerons d'abord les réformes qui nous paraissent utiles; nous verrons ensuite quel est le moyen
de les faire admettre par le colon partiaire.

ÉTENDUE DU DOMAINE.

L'étendue ordinaire des métairies dans les pays
dont nous parlons, est de 15 à 25 hectares. Elles
sont soumises à l'assolement biennal. Elles sont tra-
vaillées par deux ou trois attelages, suivant leur importance. Leur personnel se compose de deux hommes,
des vieillards, femmes, et enfants. Une des premières
causes qui entretiennent la pauvreté dans la classe des
paysans, c'est l'étendue ainsi restreinte de leurs exploitations; et cependant on voit tous les jours des propriétaires convaincus que les plus petites métairies sont les
plus productives, diviser leurs domaines, faire deux
métairies d'une exploitation de 30 ou 40 hectares, restreindre en un mot la culture de chaque colon à la
moindre étendue possible. Nous croyons ce système
funeste aussi bien aux intérêts du propriétaire qu'à
ceux du colon. Nous ne parlerons pas seulement des
frais de constructions rurales qu'entraîne la création

de nouvelles métairies. Mais il faut considérer que chaque famille a une partie de ses membres dont le travail ne couvre pas la dépense, ce sont les vieillards et les enfants. Plus vous multiplierez le nombre des familles sur vos terres, plus vous accroîtrez ces charges improductives qui grèvent la propriété. Si, au contraire, vous doublez l'exploitation du métayer, en lui imposant l'obligation de prendre des valets, vous dégrevez votre domaine d'une famille, et de son cortége obligé de membres inutiles. Le travail sera mieux fait et à meilleur marché; votre colon y trouvera son profit et vous aussi. Car les travaux s'exécutent toujours mieux dans une grande exploitation que dans une petite, à cause des forces plus considérables qu'on peut porter sur un seul point dans les moments d'urgence. D'ailleurs les réformes y sont d'une application plus facile, surtout celles qui ont pour objet l'assolement et l'entretien d'un bétail plus nombreux. Nous comprenons l'avantage des petits domaines dans les terres fertiles de la Flandre et de la Toscane, où l'on a beaucoup de cultures industrielles qui emploient les femmes et les enfants; mais dans les contrées dont nous nous occupons, il ne peut y avoir, de longtemps encore, d'autres cultures que celles des céréales et des fourrages, dans lesquelles les bras faibles trouvent peu d'emploi, et qui donneront un revenu net d'autant plus élevé, que les instruments perfectionnés diminueront davantage le travail des mains. L'exemple de l'Angleterre vient à l'appui de ce que nous avançons. La spéculation dans ce pays se porte en première ligne sur la production de la viande et de la laine, et ensuite sur celle des céréales; peu de végétaux de commerce. On a essayé, dans ces dernières années, d'y créer des exploitations de 20 à 25 hectares; on a été obligé d'y renoncer. Il a été attesté par la dernière enquête que, dans les fermes au-dessous de 70 hectares, les tenanciers se ruinaient presque infailliblement. Le premier conseil que nous donnerons aux propriétaires soit dans l'intérêt de leurs colons, car il importe beaucoup que le métayer soit dans l'aisance, soit dans leur propre intérêt, pour préparer la voie aux améliorations, sera donc d'étendre leurs métairies, au lieu de les restreindre. Il est bien entendu cependant, qu'ils ne devraient consacrer à des acquisitions que les fonds qui ne seraient pas nécessaires aux dépenses d'amélioration dont nous allons parler, car celles-ci doivent passer avant tout.

INSTRUMENTS ARATOIRES.

Il n'est personne qui ne soit frappé de l'imperfection des labours dans nos contrées. Leur profondeur moyenne est de 11 centimètres (4 pouces). La charrue, marchant penchée sur le côté gauche, ne tranche pas horizontalement la terre comme cela devrait être; mais elle trace un sillon dont le fond présente un angle aigu, en sorte que chaque trait de charrue laisse intacte une arête de terre, qui représente un tiers de l'espace qui serait remué, si elle marchait horizontalement; les mauvaises herbes, qui se propagent par leurs racines, se conservent dans ce prisme de terre, et s'étendent avec vigueur dans le guéret; le retournement complet du sol ne s'opère qu'en quatre labours, en sorte que les parties du sol, qui sont attaquées les dernières, ne profitent presque pas de l'influence atmosphérique qui doit les fertiliser avant les semailles d'automne ; enfin la charrue, à chaque labour, fait avancer insensiblement la terre vers l'extrémité du champ, qui finit par s'élever beaucoup dans cette partie, en sorte que les eaux n'ont plus d'écoulement.

Une charrue perfectionnée tranche horizontalement le sol à une profondeur, qui peut aller de 28 à 42 centimètres (10 à 15 pouces), ne laisse aucune arête, retourne bien la tranche de terre, la laisse sur place, et exécute à la première fois un labour complet, si l'on a adopté la disposition des billons larges de 3 à 4 mètres.

Des essais comparatifs, suivis avec la plus minutieuse attention, ont donné les résultats suivants : La charrue locale retourne sur 1 hectare 733 mètres cubes de terre, la charrue Dombasle 2,800. Les 733 mètres cubes retournés par la première coûtent 14 fr., tandis que les 2,800 retournés par la seconde ne coûtent que 18 fr. 33 c. En d'autres termes, 1,000 mètres cubes coûtent avec la charue locale 25 fr., et avec l'araire Dombasle 5 fr. seulement. Nous prions les propriétaires de vouloir bien réfléchir à cette grande différence soit dans le travail exécuté, soit dans le prix de revient.

Du reste, ils savent comme nous que leur charrue rompt avec la plus grande difficulté, et d'une manière très-imparfaite, les trèfles, les sainfoins, et surtout les luzernes. Cela vient de ce que le soc n'est pas tranchant, et ensuite de ce que la terre est labourée en crémaillère, ainsi que nous l'avons déjà dit. Comment donc pourraient-ils se déterminer à conserver un instrument incompatible avec la culture des prairies artificielles, qui seules peuvent nous retirer de l'état fâcheux où nous languissons?

Enfin, nous leur signalerons les avantages qu'on retire des labours profonds, inexécutables avec leurs instruments défectueux; car il est certains d'entre eux qui conservent encore des doutes sur ce point. Nous reconnaîtrons avec eux qu'il est des cas, mais fort rares, où il y aurait du danger à ramener le sous-sol à la surface : ainsi lorsqu'il est entièrement infertile, composé de minerai de fer, de craie, ou autres matières rebelles à la végétation. Mais à de semblables exceptions près, le sol doit être attaqué à la plus grande profondeur, non pas à tous les labours, ce serait peine inutile, mais au premier labour seulement ; les labours suivants ne doivent plus avoir pour objet que de remuer la superficie du sol, et de mettre toutes ses parties en contact avec l'air et la lumière. Les avantages de ce défoncement profond, les voici : personne n'ignore que les plantes à racines pivotantes, comme le trèfle et toutes les légumineuses, prospèrent d'autant mieux qu'elles rencontrent une couche arable plus profonde. Les plantes qui tallent, comme les céréales, poussent également dans une terre profonde des racines pivotantes qui vont souvent à 33 centimètres (1 pied). Et plus ces plantes sont rapprochées, plus leurs racines tendent à pivoter, parce qu'elles vont chercher en dessous l'aliment que les plantes voisines leur disputent autour d'elles. En sorte qu'on peut nourrir sur la même étendue un plus grand nombre de plantes; c'est-à-dire qu'en réalité on se donne une plus grande superficie en se donnant plus de profondeur. Enfin les végétaux souffrent bien moins de l'humidité, parce que l'eau gagne toujours le sous-sol, et de la sécheresse, parce que la fraîcheur s'y conserve mieux, et que la terre ne se crevasse pas.

L'unique objection qu'on fait dans nos contrées à l'adoption de la charrue nouvelle, c'est la force de traction qu'elle exige, et la crainte que nos bœufs ne puissent la faire marcher ou ne se fatiguent trop. Il est certain que, retournant quatre fois plus de terre que les nôtres, ces charrues exigent une plus grande force motrice; mais il n'est pas moins certain que l'augmentation de force est proportionnellement bien moindre que l'augmentation de travail. Ainsi, tandis que nos charrues avec une force de 2 feront 1 de travail, celles-là avec une force de 3 feront 4 de travail. En d'autres termes on obtiendra, avec une augmentation d'un tiers sur la force de l'attelage, un travail quadruple. Maintenant un attelage de forts bœufs de nos contrées suffit parfaitement à conduire l'araire Dombasle. Nous reconnaissons que les faibles attelages qu'on soumet au joug à deux ans, et quelquefois plus tôt, ne pourraient suffire à cette tâche; mais le mauvais bétail fait le mauvais travail. Prenez de bons bœufs de cinq ans, et vos terres seront bien défoncées.

On nous dira que des animaux forts et soumis à un travail pénible consommeront davantage, et qu'on n'aura pas de quoi les nourrir. La réponse à cette objection sera dans l'adoption d'un bon assolement. Nous nous en occuperons plus tard.

Ainsi donc introduisez dans vos métairies l'araire Dombasle, le meilleur instrument en ce genre, ainsi que l'attestent les nombreux concours de charrues qui ont lieu tous les ans sur les divers points de la France. Son prix d'achat est de 73 fr. Dans un quart d'heure le laboureur le plus maladroit aura appris à la conduire.

Après la charrue viennent la herse et l'extirpateur. Le premier de ces instruments, en pulvérisant la terre dans l'intervalle de chaque labour, favorisera la germination des mauvaises herbes, qui seront détruites par le labour suivant, et conservera la fraîcheur dans le sol pendant nos redoutables sécheresses. L'extirpateur remuera la superficie du sol de 8 à 14 centimètres (3 à 5 pouces) de profondeur, et favorisera ainsi l'action des agents atmosphériques, en même temps qu'il détruira les mauvaises herbes. Le grand avantage qu'il présente sur la charrue, c'est que, labourant la terre sur une largeur d'un mètre, il fait en une fois le travail de quatre ou cinq traits de charrue. Avec un attelage de bœufs, il labourera 1 hectare 20 par jour, la herse 1 hectare 50. Cependant deux labours complets à la charrue sont nécessaires; mais après cela la herse et l'extirpateur suffiront. La célérité de ces instruments vous permettra de multiplier ces cultures superficielles,

si utiles pour diviser le sol et exposer toutes ses parties à l'action de l'air et de la lumière, enfin pour détruire les mauvaises herbes. Dans les pentes rapides où
la charrue fait descendre la terre et finit par dégarnir
les parties élevées, on ne donnera qu'un labour au lieu
de trois ou quatre qu'on donne actuellement; l'extirpateur remplacera très-bien la charrue pour les suivants. Ce point est d'une importance bien grande dans
les pays montueux où la charrue fonctionne mal, et
finit par mettre le rocher à nu. Nous parlerons dans
l'article suivant de l'avantage qu'offrent ces instruments
pour les semailles, qui s'exécutent quatre fois plus vite
qu'avec la charrue.

Enfin, il sera indispensable d'avoir une houe à cheval pour biner les récoltes sarclées. Ce travail, qui se
fait à la main dans nos contrées, est très-long et par
conséquent dispendieux. La houe à cheval remplace le
travail de vingt ouvriers. Lorsqu'elle est traînée par
un cheval, on y emploie deux hommes, l'un dirigeant
l'animal, l'autre l'instrument. A défaut de cheval on se
servira d'une paire de vaches attelées avec un joug
allongé, afin que les animaux marchent en dehors des
lignes. Il suffit alors d'un seul homme pour diriger
l'attelage et l'instrument. Une observation importante
pour l'emploi de cet instrument c'est de ne pas attendre que les mauvaises herbes soient grandes et fortement enracinées, car dans ce cas il fonctionne mal. Il
ne faut pas non plus s'en servir dans une terre humide;
on tas_erait le sol au lieu de l'ameublir. Le but des
sarclages n'est pas seulement de détruire les mauvai-

ses herbes, mais encore de donner une culture à la terre, en sorte qu'on ne saurait trop les multiplier dans l'intérêt non-seulement de la récolte pendante, mais des récoltes à venir.

Pour les récoltes sarclées à semer en ligne, on se servira du rayonneur. Les trois pieds du rayonneur coûteront 21 fr., le cadre en bois 15 fr. L'age reposera sur une roue surmontée d'une tige; on se servira de celle de l'extirpateur.

LARGEUR DES BILLONS.

Le labourage de la terre en billons étroits et relevés est généralement pratiqué dans nos contrées. Les inconvénients de ce système sont nombreux. La terre végétale est toute ramassée sur la sommité des billons, où le blé est très-beau, tandis qu'il est chétif sur les côtés. Les rigoles ne rapportent que très-peu de chose, et comme elles sont très-multipliées il y a du terrain perdu. Les graines des prairies artificielles ne peuvent s'arrêter sur les côtés du billon, et tombent dans les rigoles à la moindre pluie. Le fumier s'y répartit et s'y maintient aussi difficilement. Si le labour est profond sur l'ados des billons, il est très-superficiel aux épaules. Pour que le versoir puisse élever la terre jusqu'à la crête du billon, il faut que la charrue marche penchée sur le côté gauche, en sorte qu'elle ne tranche pas la terre horizontalement, mais à angle aigu; elle fait, comme nous l'avons dit, un labour en crémaillère; dans cette position tout le sol n'est pas remué, la tranche est mal retournée et portée en avant vers l'extrémité du champ ; les prairies artificielles, qui poussent plus épaisses dans la rigole que sur le billon, se fauchent mal ; le fauchage des céréales est impossible. Mais le plus grand de tous les inconvénients c'est que la herse y fonctionne mal, et l'extirpateur pas du tout, au grand détriment de trois opérations importantes, la préparation du sol, la destruction des mauvaises herbes, les semailles.

Nous conseillons donc l'adoption des billons larges de 3 ou 4 mètres, qui n'ont aucun des inconvénients que nous venons de signaler, et nous les conseillons aussi bien pour la plaine que pour le coteau. Nous savons qu'on élève en faveur des billons étroits deux objections que nous allons examiner.

On prétend qu'ils sont nécessaires pour l'assainissement des terres qui, dans ces contrées, sont siliço-argileuses ou argilo-calcaires, tenaces en général, et retenant l'humidité. Il n'est pas un seul des cultivateurs à qui vous proposerez la suppression des billons étroits, qui ne vous fasse cette objection. Il n'en est peut-être pas un seul non plus, qui ait vérifié par une expérience comparative si cette opinion était fondée. C'est un préjugé qu'on se transmet et qu'on adopte sans examen. Pour nous, qui avions vu des terres argileuses dans certaines contrées semées entièrement à plat, et les agronomes les plus éclairés affirmer qu'avec des billons larges, des labours profonds, et de bonnes raies d'écoulement, on obtenait l'assainissement parfait du sol, nous avons expérimenté et nous nous sommes assurés que ces agronomes avaient raison. Nous prions les cultivateurs de faire comme nous, et d'en essayer ; nous sommes certains à l'avance que leur prévention ne résistera pas à cette expérience. Au surplus il est aisé de comprendre que si le blé, placé sur la partie élevée des billons étroits, est à l'abri de l'humidité, il n'en est pas de même de celui qui est sur les côtés et dans le creux qui les sépare. Ces parties sont constamment baignées par l'eau, et elles représentent un quart de l'étendue du champ. Dans les billons larges au contraire, si le labour est profond, *et ceci est une condition indispensable,* l'eau traverse la couche arable sans s'y arrêter, arrive jusqu'au sous-sol, et de là glisse entre la couche arable et le sous-sol jusqu'aux rigoles qui séparent chaque billon ; en sorte que la plante se trouve sur toute la surface du billon, dans la position favorable où elle est, mais sur la partie élevée seulement des billons étroits. Du reste, nous le répétons, faites des essais.

La seconde objection est celle-ci : Les billons étroits présentant un plus grand développement de surface, la terre reçoit mieux l'influence atmosphérique qui la fertilise, en sorte que les labours y ont plus d'efficacité. C'est, en effet, l'exposition de la terre aux influences de l'air et de la lumière qui la fertilise ; mais c'est surtout en remuant fréquemment le sol qu'on obtient ce résultat. Dans les billons étroits le remuement du sol ne peut s'opérer qu'avec la charrue ; sur les billons larges il s'opère non-seulement avec la charrue, mais aussi avec la herse, et surtout avec l'extirpateur. Or, nous l'avons déjà dit, l'extirpateur fait le travail de quatre charrues au moins, quant au remuement de la superficie du sol, en sorte que vous repasserez vos terres quatre fois à l'extirpateur, au lieu d'une à la charrue. Croyez-vous que l'amendement qu'on obtient par ces menues cultures réitérées ne soit pas supérieur à celui qui résulte d'un développement plus grand donné à la surface du sol par la disposition des billons étroits? Du reste, nous avons déjà dit que le labour à l'extirpateur ne pouvait jamais remplacer le premier et le deuxième labour à la charrue. Il ne doit être employé que lorsque le sol a été bien défoncé et retourné par la charrue.

Rappellerons-nous l'avantage qu'a l'extirpateur sur la charrue pour la destruction des mauvaises herbes, à cause de la célérité de son travail et de la facilité de le répéter souvent? Enfin, sur les billons larges où peuvent manœuvrer l'extirpateur et la herse, vous exécutez les semailles quatre fois plus vite qu'avec la charrue, qui peut seule être employée à cet objet dans les billons étroits. Les cultivateurs, qui savent le prix du temps, et surtout de quelle importance il est d'utiliser le moment propice, quelquefois si court dans les semailles d'automne, comprendront combien il est avantageux de pouvoir semer en quatre jours au lieu de seize. Dans la présente année 1841, au 20 décembre, un très-grand nombre de propriétaires n'avaient pas achevé leurs semailles, à cause des pluies qui n'ont pas discontinué depuis le 25 octobre. Du reste, tous ont fait ce travail avec la terre humide, circonstance très-fâcheuse. Grâce à la célérité de nos instruments, nous avions entièrement terminé avant les pluies [1].

ASSOLEMENT.

Nous avons vu que, pour obtenir des labours plus complets et plus profonds que ceux qui s'exécutent dans nos contrées, il fallait donner au bétail une nourriture plus abondante et proportionnée à la force qu'il doit avoir, au travail qu'on lui impose. Ceci nous amène à la question des assolements, car tout se lie en matière de culture, pas de bon travail sans un bon assolement. Du reste, l'assolement est l'opération qui exerce le plus d'influence sur la prospérité d'une entreprise agricole; car il ne doit pas donner seulement le travail, il doit donner le fumier, il doit enfin, par la combinaison des récoltes, tirer du sol le produit net le plus élevé sans l'épuiser, mais en l'améliorant au contraire. On voit que si le choix d'un bon assolement est ce qu'il y a de

[1] Nous devons faire ici une observation sur l'emploi de la herse et de l'extirpateur aux semailles. Lorsque la terre est bien ameublie, ces instruments ont l'inconvénient de ranger la semence en lignes, mais en lignes trop épaisses. En voici le motif : la herse et l'extirpateur laissent dans le sol de petits sillons dans lesquels tombe le grain jeté à la volée. La herse et l'extirpateur conduits dans la direction de ces petits sillons le couvrent à cette place, en sorte qu'il se trouve rangé en lignes. On évite cet inconvénient en faisant passer ces instruments en travers des billons au moment de la semaille, ou bien avant, et dans ce dernier cas les instruments, au moment où ils recouvrent le grain, suivent la direction des billons ; le grain se trouve alors bien réparti.

plus important, il est aussi ce qu'il y a de plus difficile. Et la difficulté n'est pas de connaître les théories très-simples d'ailleurs, dont l'expérience a démontré l'utilité, mais d'en faire une application conforme aux exigences du sol, du climat, des besoins, et des ressources de la localité. Nous ne pouvons faire ici un cours complet sur cette matière, nous sommes obligés de renvoyer les cultivateurs aux ouvrages dans lesquels elle a été traitée. Seulement pour leur faire comprendre les vices de l'assolement biennal généralement suivi dans nos contrées, et pour leur faire entrevoir qu'on pourrait mieux faire, nous dirons quelques mots des principes pour les appliquer d'abord à l'assolement biennal, ensuite à un exemple d'assolement alterne que nous croyons pouvoir conseiller pour un grand nombre de localités.

Toutes les théories en cette matière se réduisent aux cinq préceptes suivants : 1° choisir les récoltes les mieux appropriées au sol, au climat, aux besoins locaux; 2° les varier, et éloigner le plus qu'il est possible le retour des mêmes végétaux à la même place; 3° faire succéder les récoltes qui améliorent le sol à celles qui l'épuisent; 4° faire alterner celles qui nettoient le sol de mauvaises herbes avec celles qui en favorisent la propagation; 5° établir la proportion la plus avantageuse entre les végétaux qui sont destinés à la vente ou à la nourriture de l'homme, et ceux qui doivent servir à la nourriture des animaux.

Tels sont les principes sur lesquels reposent les assolements qu'on a appelés *alternes*, et qui sont regardés aujourd'hui comme les plus propres à résoudre le problème du net produit le plus élevé, concilié avec l'amélioration progressive du sol.

L'assolement biennal ou de deux ans est ainsi composé dans nos contrées. Première année : jachère dont une partie seulement est consacrée à quelques légumes et au fourrage vert à donner au bétail. Deuxième année : blé. Cet assolement est vicieux, en ce qu'il est contraire aux 2me et 5me principes que nous avons posés plus haut. La variété des produits si favorable à la prospérité des récoltes ne s'y rencontre pas; le froment revient à des époques trop rapprochées. Mais le vice principal est dans la pénurie des fourrages, et dans l'absence presque complète de prairies artificielles. Il suffit à peine à l'entretien du bétail de travail et d'un très-petit nombre d'élèves. Il en résulte que la masse des fumiers est très-minime, et ne s'applique qu'à une bien faible partie de l'exploitation, celle qu'on consacre aux légumes, au maïs de graine, au fourrage vert.

L'assolement triennal, 1° jachère ou trèfle; 2° froment; 3° avoine ou orge, n'est pas pratiqué chez nous, et il faut nous en féliciter. Mais plusieurs de nos propriétaires, frappés des inconvénients de leur assolement de deux ans, lui ont substitué un assolement de trois ans, ainsi composé : 1° récoltes sarclées; 2° blé; 3° trèfle ou sainfoin. C'est ce que dans le pays on appelle *tiercer*. On a reconnu que, bien que la sole de froment fût réduite de la moitié au tiers des terres, on récoltait cependant au moins autant de grain. Il devait, en effet, en être ainsi, à cause du retour moins fréquent de la céréale, et de l'augmentation d'engrais que produit la prairie artificielle [1].

Nous allons indiquer, pour les terres moyennes ou faibles des coteaux, un assolement que nous croyons applicable à beaucoup de localités. Toutefois nous n'entendons le présenter que comme exemple, car la convenance d'un assolement est subordonnée à la nature du sol, aux ressources et aux besoins du pays, à l'état de fertilité du domaine, en sorte qu'il est impossible de prescrire un assolement indistinctement applicable à tous les cas. Du reste, il exige une terre bien nette de mauvaises herbes, et surtout de chiendent et des autres plantes qui se propagent par leurs racines.

Il est ainsi composé :

Première année : Jachère sur les terres épuisées ; sur

---

[1] Cet assolement est le plus avantageux qu'on puisse adopter, mais seulement dans des terres d'une haute fertilité, comme les alluvions de la Garonne. Il est bien supérieur à l'assolement biennal pratiqué dans ces contrées. La richesse du sol permet de consacrer la sole des récoltes sarclées à des produits d'un prix élevé, tels que le colza, le chanvre, le tabac. Mais il ne vaut rien dans des terrains peu fertiles, parce que la sole de fourrages ne donne pas assez de fumier pour suffire à celle des céréales et des récoltes sarclées ; que si l'on voulait consacrer la plus grande partie de cette dernière à des racines destinées elles-mêmes à produire de l'engrais, la sole de céréales ne fournirait peut-être pas assez de paille pour une si grande masse d'engrais. Du reste, il est bien entendu que, même dans les terres fertiles, le trèfle ne pouvant revenir tous les trois ans devra alterner avec le sainfoin ou des fourrages d'automne.

celles qui sont en bon état récoltes-jachères, qui seront des betteraves, des fèves, des maïs – fourrages, des vesces et du farouch à faucher en vert. Très-peu de légumes, pas de maïs de graine. Tout le fumier ira sur cette sole.

Deuxième année. Froment avec trèfle ou sainfoin, et même luzerne dans les bonnes terres, semés au printemps dans le blé.

Troisième année. La prairie artificielle semée l'année précédente.

Quatrième année. Continuation de la prairie artificielle.

Cinquième année. Froment.

Ainsi supposez un domaine de 40 hectares de terres labourables. Vous le divisez en cinq soles de 8 hectares chacune, et vous aurez 8 hectares en jachère ou récoltes-jachères, 16 hectares en blé, 16 en prairie artificielle. Afin que la terre ne se fatiguât pas de produire du trèfle ou du sainfoin à des époques si rapprochées, on mettrait à chaque rotation nouvelle du sainfoin à la place où était précédemment le trèfle, et *vice versâ*. Il serait bien d'avoir indépendamment des prés 1 ou 2 hectares en luzerne en dehors de l'assolement.

Voyons quels peuvent être les avantages de ce cours de récoltes. Il s'éloigne peu de l'assolement biennal sous ce point de vue que la sole des céréales qui occupait la moitié des terres, se trouvant réduite ici à deux cinquièmes, on n'enlève au blé qu'un dixième des terres, en sorte qu'il sera facile d'obtenir ce faible sacrifice du colon partiaire, et de lui faire adopter l'assolement.

Mais voici les avantages qu'il a sur l'assolement biennal. Presque tous les travaux se trouvent reportés sur la sole de jachère. En effet, le blé semé sur cette jachère, je suppose en octobre 1840, occupera la terre en 1841, puis sera suivi sans interruption du trèfle pendant 1842, et jusqu'à la fin de l'été de 1843, à cette époque le trèfle est rompu par un seul labour ; on sème du blé qui occupe encore la terre jusqu'en juillet 1844, alors commencent les travaux de la jachère. Ainsi un seul labour est donné depuis octobre 1840 jusqu'à pareille époque à peu près de 1844, c'est-à-dire pendant quatre années. En d'autres termes un seul labour de 8 hectares suffit aux quatre cinquièmes des terres, à 32 hectares. Dès lors tous les travaux, tous les efforts du cultivateur sont presque concentrés sur les 8 hectares seulement de la sole de jachère ; là aussi est porté tout le fumier. Or, il est permis d'espérer que le blé, et plus tard le trèfle, qui suivront une jachère ainsi traitée, donneront de beaux produits. Quant au blé qui suivra les deux années de prairie artificielle, nous en appelons à l'expérience de tous les cultivateurs, qui ont conservé des sainfoins deux ou trois ans sur des espaces plus ou moins étendus. Ils savent qu'ils y ont toujours obtenu des froments très-beaux et nets de mauvaises herbes, pourvu qu'au moment de l'ensemencement il n'existât pas dans le sol du chiendent ou d'autres plantes parasites qui se propagent par leurs racines ; les débris dont les légumineuses enrichissent le sol expliquent ce fait. Du reste, ici le fumier répandu au commencement de la rotation se fera

encore sentir, parce que le trèfle et le sainfoin ne sont
pas des récoltes épuisantes.

Envisageons ces mêmes avantages sous un autre as-
pect. Démontrons aux propriétaires le bénéfice qu'il y
a à substituer deux récoltes consécutives de prairie
artificielle à une récolte de blé suivie d'une jachère.
Dans les terres médiocres ou mauvaises, qui passent
tous les deux ans par jachère morte, le produit moyen
du froment est par hectare,

De 10 hectolitres à 18ᶠ 180ᶠ
16 quintaux métriques de paille,
   à 2ᶠ le quintal métrique...... 32
               TOTAL................. 212ᶠ

Voilà le revenu brut d'un hectare pendant deux ans
dans le système de jachère.

Cet hectare en trèfle ou sainfoin donnera en moyenne :
La 1ʳᵉ année, 22 quint. métriques de fourrage sec.
La 2ᵐᵉ année, 28   *id.*
   TOTAL...... 50 quint. mét., à 4ᶠ 50ᶜ le q. m., 225ᶠ

Ainsi le revenu brut se balance à peu près dans les
deux cas. Quant aux frais, la valeur d'un hectolitre et
demi de blé nécessaire pour ensemencer un hectare
correspond à la valeur de la graine de trèfle ou de sainfoin nécessaire pour la semence. Les frais de moisson
et de battage du blé se balancent aussi avec les frais

de fauchage et de fanage de la prairie artificielle. Mais voici où est l'avantage en faveur de cette dernière. Au lieu des nombreux labours qu'il faut donner à la jachère dans le premier système, vous n'avez ici qu'un seul labour à donner à la fin de la deuxième année, pour y semer du blé d'automne. Chaque cultivateur peut apprécier par lui-même l'économie considérable qui résulte de ce dernier mode. En outre, il est incontestable qu'après deux années en jachère et blé, la terre qui ne serait pas fumée serait sensiblement épuisée, tandis que sans fumier elle reçoit de deux années de prairie artificielle un amendement qui équivaut à une bonne fumure. Elle est en outre parfaitement nette de mauvaises herbes. Enfin, du principe qui atteste qu'une récolte est d'autant plus belle qu'elle vient plus longtemps après une récolte de même nature, il résultera que le froment prospérera mieux après un intervalle de deux années, qu'après un repos d'une année seulement.

Maintenant si l'on réfléchit à la masse considérable de fourrages que cet assolement met à la disposition du cultivateur, on comprendra qu'il peut tout au moins doubler le nombre des animaux qu'il avait sous l'ancien système, et que par là il accroît dans une grande proportion le profit de bétail et la masse des fumiers.

Le point important dans cet assolement c'est d'assurer la réussite de la prairie artificielle. On y parviendra, d'abord, en semant le blé sur un labour profond, ensuite en couvrant au printemps la graine de trèfle ou de sainfoin par un hersage léger ou par un râtelage. Nous insistons sur cette précaution; nous avons en effet remarqué que l'époque critique pour ces fourrages était celle des semailles, parce que la graine n'étant pas couverte, le germe est souvent détruit par un soleil trop vif ou une gelée qui surviennent au moment où il se développe. Du reste l'assolement a cela d'avantageux, que si quelques pièces viennent à manquer, on peut les remplacer en laissant subsister une année de plus, une égale étendue de sainfoin ou de luzerne de deuxième année, qui étaient destinés à être rompus.

Lorsque les terres auront été réparées par un certain nombre de rotations, on aura la faculté de passer à un assolement plus productif.

DÉPENSES POUR INTRODUIRE CES AMÉLIORATIONS.

Nous avons maintenant à rechercher quelles sont les dépenses que le propriétaire devra faire pour introduire ces premières améliorations. Nous prenons pour base une métairie de 50 hectares, dont 40 hectares en terres arables et 10 hectares en prés, vignes, etc., etc.

Dans la première rotation il pourra nourrir, avec l'assolement que nous avons indiqué, au moins vingt-quatre têtes; savoir : seize élèves achetés à dix mois ou un an, pour être revendus à deux ans; trois attelages de bœufs et un attelage de vaches, pour les hersages et les travaux légers. En général, dans les terres légères, on ne compte qu'un attelage par 15 hectares; mais ici il en faut un par 10 hectares, soit parce que

le temps propice pour les travaux étant très-court à
cause de la nature du sol, il faut se hâter de le mettre
à profit, soit parce qu'il faudra dans quelques cas ex-
ceptionnels deux attelages par charrue. Le propriétaire pourra en outre engraisser pendant l'hiver un
de ses attelages de bœufs. Nous avons conseillé l'achat
d'élèves, parce que dans notre opinion l'élevage de seconde main est la spéculation la plus avantageuse dans
les circonstances données. Dans les rotations suivantes,
lorsque ses terres bien fumées lui donneront des fourrages abondants et lui permettront de consacrer la ma-
jeure partie de sa jachère aux betteraves et aux fèves,
il pourra augmenter le nombre de ses élèves.

Ce cheptel lui coûtera :

Les quatre attelages............. 2,500ᶠ
Les seize élèves................. 1,600ᶠ
                                 ————
                                  4,100ᶠ

Les cheptels existant sur deux
métairies de 25 hectares, ou sur
une de 50 hectares, régies par
l'ancien système, valent........... 2,000ᶠ
                                    ————

Avances à faire par le proprié-
taire, pour compléter le cheptel. 2,100ᶠ ci. 2,100ᶠ
   Trois charrues Dombasle, avec socs de re-
change, une herse, deux extirpateurs sans
avant-train, une houe à cheval, un rayonneur.. 520ᶠ
                                              ————
                      A reporter............ 2,620ᶠ

Report. 2,620ᶠ

Pour les deux premières années, graine
de sainfoin, de trèfle, et de luzerne, qui pour
les années suivantes sera recueillie sur le
domaine. 500ᶠ

Total des avances. 3,120ᶠ

Il est probable que dans beaucoup de métairies il
faudra agrandir les étables pour recevoir cette aug-
mentatiou de bétail. Il nous est impossible d'évaluer
des dépenses de cette nature; mais elles seront peu
considérables, si l'on adopte la méthode économique
de laisser la paille et le foin des prairies naturelles en
meules, en dehors des bâtiments.

Mais le propriétaire sera-t-il dédommagé de ces
avances? il n'est pas douteux que des labours plus
profonds et plus complets, suivis de menues cultures
réitérées, que la masse des fumiers considérablement
augmentée, que l'amendement introduit dans le sol
par les légumineuses, que l'augmentation du bétail
d'élèves et l'engraissement des bœufs de travail, ap-
porteront un accroissement notable à son revenu. Il
serait difficile de préciser le chiffre de cet accroissement; mais assurément nous demeurerons au-dessous
de la vérité en lui promettant, sur l'ensemble du domaine, une augmentation de 50 hectolitres de blé, et
de 1,200 fr. sur les profits de grange. A mesure que
le sol s'améliorera, ces bénéfices s'accroîtront encore,
et la propriété aura acquis une plus grande valeur.

QUELQUES AMÉLIORATIONS SECONDAIRES.

Nous appellerons maintenant l'attention des propriétaires sur quelques objets d'un intérêt plus secondaire.

Il est difficile d'obtenir des métayers qu'ils prennent les dispositions nécessaires pour empêcher la perte du purin qui s'échappe du tas de fumier. Pour éviter cette déperdition, on devra en été porter le fumier sur les pièces, à mesure qu'on nettoie l'étable, et l'étendre immédiatement pour l'enterrer ensuite. En hiver, on le portera également sur les pièces, qui doivent être fumées, on le rangera en grands tas, à bords perpendiculaires, par couches bien égales et bien pressées. Le champ profitera ainsi du purin qui s'en échappera, et le fumier se trouvera tout transporté à sa destination. Ce qui sera une grande avance, car au printemps, au moment où les occupations reprennent avec activité, on perd un temps précieux à voiturer sur les pièces le fumier d'hiver accumulé à la porte de l'étable. Le taux d'une fumure moyenne est de 200 quintaux métriques par hectare.

Dans le fanage des prairies artificielles les métayers laissent perdre beaucoup de feuilles, et diminuent ainsi par leur maladresse la quantité de foin qu'ils récoltent. Cette déperdition est bien moins considérable lorsqu'on emploie la méthode Klapmeyer, c'est-à-dire le procédé de fanage par la fermentation. En outre, le fourrage est plus substantiel, plus nourrissant, plus abondant, et plaît davantage aux animaux. Nous ne

saurions trop recommander l'emploi de cette méthode,
bien qu'elle entraîne une augmentation de main-d'œuvre. Voici comment elle se pratique : On fauche pendant la plus grande partie du jour; dans la soirée on
forme du fourrage fauché un grand tas réunissant au
moins une ou deux charrettes. Plus la meule est grande,
mieux cela est. Ce tas est fortement pressé; on le laisse
subsister ainsi jusqu'à ce que la chaleur ait atteint son
plus haut degré, c'est-à-dire pendant trente-six heures
au moins; on peut aller jusqu'à quarante-huit heures,
et même au delà. Du reste, en introduisant la main
dans le tas, on reconnaît le moment où la chaleur est
à son plus haut point, et celui où elle commence à diminuer. Alors on l'ouvre, quel temps qu'il fasse d'ailleurs, on étend le fourrage, pour le faire sécher, par
couches de 50 centimètres d'épaisseur; on le remue deux
fois dans la journée. Dans un jour ou deux au plus, il
est sec et on peut l'enfermer.

Dans quelques localités la faux a été substituée à la
faucille pour la moisson des céréales. Cette méthode
est en effet bien plus expéditive; un homme fauche par
jour 75 ares de belles céréales, et 85 ares de moindres.
Il est à désirer qu'elle se généralise. Il faudra faire venir un faucheur pour enseigner aux gens de la métairie. Nous devons dire cependant que le battage est plus
long, parce qu'il y a plus de paille; mais on n'est jamais trop riche en paille.

L'emploi du rouleau pour dépiquer les céréales s'é-
tend tous les jours davantage. Cependant il y a encore
quelques cantons arriérés où l'on bat au fléau. Les pro-

priétaires ne peuvent tarder plus longtemps à introduire cette amélioration. Le rouleau en pierre, en forme de cône tronqué, doit être sans cannelure, il fatigue moins le bétail et opère mieux. On attache à la suite du rouleau un traîneau formé avec des bois grossièrement assemblés, dont augmente le poids en le chargeant de pierres. Le frottement qu'il exerce sur les épis avance beaucoup la besogne.

La quotité des fruits à allouer au métayer étant le prix de son travail devrait varier suivant la nature et la fertilité du sol. Supposez, en effet, deux terres d'égale fertilité, mais de nature différente, l'une tenace et par conséquent d'un travail coûteux; l'autre légère et d'un travail facile. La part du métayer devrait être plus forte dans le premier cas que dans le second. Supposons au contraire deux sols de même consistance, mais de fertilité différente, la part du propriétaire devrait être plus forte dans la métairie dont le sol est fertile, que dans celle où il ne l'est pas. Beaucoup d'autres circonstances peuvent ainsi modifier les conditions du contrat de métayage; mais il est aujourd'hui reconnu que lorsque le partage égal par moitié n'attribue pas au propriétaire ce qui lui reviendrait équitablement, il y a de l'inconvénient à changer la quotité du partage, parce que ce changement prend insensiblement dans le pays la force d'un usage, et finit par s'appliquer uniformément aux circonstances les plus différentes. Dans ce cas, il vaut mieux recourir à des stipulations accessoires, en mettant par exemple à la charge du colon partiaire soit le cheptel, soit la semence, soit une soulte en grains, mais surtout en lui faisant supporter le prélèvement du dixième des gerbes sur le champ, au moment même de la moisson. Nous recommandons cette dernière stipulation comme préférable, parce qu'elle place dans les mains du propriétaire un moyen de contrôle pour empêcher les fraudes du métayer sur le produit de la récolte. A cet effet, on convient dans le bail que dans le cas où le produit de la pile commune n'égalerait pas neuf fois le produit de la dîme, la part du propriétaire ne souffrira pas de ce déchet [1].

AMÉLIORATIONS FONCIÈRES.

Dans nos terres de coteaux le labourage est à peu près suspendu pendant tout l'hiver à cause de l'état du sol. Pour utiliser les attelages pendant cette morte saison, les propriétaires font faire des transports de terre. Il y a même beaucoup d'entre eux qui n'admettent pas d'autre amélioration possible en agriculture, et qui

[1] Ainsi supposons que la dîme ait rendu 10 hectolitres, le reste de la récolte devra être de 90 hectolitres, et la moitié du maître 45 hectolitres. On convient dans le bail que le maître ne pourra jamais avoir moins. Ainsi, si la pile ne rendait que 80 hectolitres, le maître aurait toujours droit à 45, parce que le déchet qui existe ne peut avoir d'autre cause que la fraude du métayer. La pile doit même rendre proportionnellement plus que la dîme, soit parce qu'elle est dépiquée plus consciencieusement, soit parce qu'il y a moins de déchet sur une plus forte masse. Ainsi, d'après notre expérience personnelle, une dîme de 10 hectolitres doit correspondre à une pile de 96 hectolitres. La part du maître dans ce cas sera, dîme non comprise, de 48 hectolitres; car s'il ne doit pas souffrir des soustractions opérées, il doit profiter de l'augmentation qui existe dans le rendement de la pile commune.

croient qu'il est sage de s'en tenir là. Assurément les transports de terre sont un excellent amendement pour le sol, et de plus, dans les plaines privées de pente, ils opèrent le nivellement des pièces, dont les bordures sont sans cesse exhaussées par la terre que la charrue y entraîne à chaque labour. Mais voyons si dans nos coteaux cette amélioration a toute l'importance qu'on lui suppose, et s'il n'y aurait pas une manière plus fructueuse d'employer les forces de l'exploitation. Au mois de mars commencent et se succèdent sans interruption, jusqu'au 1er novembre, les travaux de labours, semailles de printemps, fenaison, moisson, battage, vendanges, semailles d'automne, etc., etc., qui ne laissent pas un moment pour faire les transports de terre. On ne peut donc y employer réellement que les quatre mois d'hiver, du 1er novembre au 1er mars. Eh bien, nous prétendons que dans cette saison nos terres argileuses sont tellement détrempées par les pluies ou durcies par les gelées, qu'il n'y a guère plus de quinze jours propices pour effectuer ces transports, et que c'est à peine si, dans une métairie de 20 hectares, on pourra amender ainsi convenablement un demi-hectare de fonds. En sorte que pour réparer le domaine entier il faudrait quarante années. Que penser en vérité d'un système d'amélioration qui procède avec cette lenteur désespérante?

Nous croyons qu'il est une manière plus profitable d'utiliser les forces de l'exploitation. Le plus grand ennemi des récoltes d'hiver dans nos terres argileuses compactes, c'est l'humidité qui y séjourne. Si vous parvenez à bien assainir vos terres, de manière à ce que les eaux pluviales ne fassent que passer à travers le sol, elles le fertiliseront au lieu de le rendre stérile. Cette vérité est parfaitement comprise de tous les cultivateurs; aussi de temps immémorial est-on dans l'usage, dans nos contrées, de pratiquer dans le sol des tranchées qu'on remplit à moitié de pierres ou autres matériaux, et qu'on recouvre ensuite de terre. Mais ce système de saignées souterraines a été rarement pratiqué sur une grande échelle. On ne les établit guère que dans les places les plus humides. Du reste, on en a toujours remarqué les excellents effets. Les fermiers des hautes terres de l'Écosse, argileuses comme les nôtres, qui avaient fait la même observation, ont essayé depuis peu d'années d'appliquer cette idée en grand. Ils ont creusé dans leurs champs des tranchées couvertes, placées à 5 mètres seulement les unes des autres. Ce sont de simples fermiers qui n'ont pas reculé devant une telle dépense. Mais aussi quel en a été le résultat?

L'enquête faite en 1837, par le Parlement anglais, sur l'état de l'agriculture dans la Grande-Bretagne, a constaté que le revenu de ces terres avait presque doublé. Nous devons ajouter que les fermiers écossais pratiquent en même temps un système de labours profonds, dont ils regardent le concours comme nécessaire au plein effet des saignées souterraines. Dans la raie ouverte à 28 centimètres (10 pouces) de profondeur par la charrue ils font passer un second instrument sans versoir, qui fouille la terre du sous-sol, sans la rame-

ner à la surface, à une profondeur de 15 centimètres
(5 pouces). Ils ont aussi un guéret de 42 centimètres
(15 pouces). Ce n'est qu'après trois ou quatre ans
qu'ils mélangent le sous-sol avec la couche végétale,
au moyen d'une puissante charrue. Dans notre climat,
moins humide que celui de l'Angleterre, il suffirait de
placer les saignées de 10 en 10 mètres. Nous devrions
aussi, à l'exemple des Écossais, exécuter ces labours
profonds, qui, du reste, ne doivent revenir qu'une fois
tous les ans.

Nous allons entrer dans quelques détails sur la manière de faire ces fossés couverts, et sur les frais qu'ils
occasionnent.

Ils seront toujours placés horizontalement à la pente
du coteau; cependant ils auront eux-mêmes une pente
assez forte pour que l'eau n'y séjourne pas. Leur profondeur sera calculée de manière à ce qu'il y ait un
intervalle de 6 centimètres (2 pouces) environ, entre
les matériaux qui le garnissent et le point où la charrue descend à sa plus grande profondeur. Il doit en
être ainsi afin que l'eau qui a traversé la couche arable s'infiltre sans obstacle dans l'aqueduc souterrain.
Ainsi, en les creusant à 77 centimètres (28 pouces),
on les remplit de matériaux jusqu'à la hauteur de 38
centimètres (14 pouces); en supposant que le guéret
ait 33 centimètres (1 pied) de profondeur, il restera
un intervalle de 6 centimètres entre le guéret et les
matériaux. La sole du fossé aura 33 centimèt. (1 pied)
de largeur. Les matériaux qui conviennent le mieux
sont les pierres concassées à la grosseur du poing, ou

de gros gravier. A défaut on emploie des branchages
verts; les branches des arbres aquatiques ou résineux
sont celles qui durent le plus. Le sarment, employé
vert, se conserve, dit-on, assez longtemps. Les Écossais se servent de tuiles à canal, posées sur des briques; mais ce mode serait trop dispendieux chez nous.

Les frais de creusement sont de 5 centimes le mètre
courant. On paie au carrier, pour l'extraction du moel-
lon, 2 fr. 75 c. la canne cube de pierre. La canne est
une mesure locale de 1 mètre 75 centimètres; par conséquent la canne cube représente 5 mètres 54 centimètres cubes. Cette quantité de pierres concassée, et
mise dans les fossés sur une hauteur de 38 centimètres,
suffit à 50 mètres courants de fossé; en sorte que le
prix de la pierre revient à 5 centimes $^1/_2$ par mètre courant. Total pour le terrassier et le carrier : 10 c. $^1/_2$ le
mètre courant de fossé. Quant aux autres frais, on peut
les évaluer d'après les données suivantes : Une canne
cube de pierre représente neuf tombereaux ; dans cinq
heures, quatre hommes, avec deux tombereaux, trans-
portent cette pierre à 300 mètres de distance, la con-
cassent, et la jettent dans les tranchées. Ils comblent
par conséquent une étendue de 50 mètres courants. Il
ne reste plus qu'à répandre un peu de paille sur les
pierres, et à les recouvrir de terre. Ce travail se fait
assez rapidement; on le termine avec la charrue.

En résumé, la dépense sur un hectare, en espaçant
de 10 mètres les tranchées couvertes, qui formeraient
ainsi 1,000 mètres courants, sera de 105 fr. pour le
terrassement et l'extraction de la pierre. Le reste est

fait par les métayers. Dans l'assolement de cinq ans, on exécutera ces travaux sur la sole de jachère, en sorte qu'ils pourront être terminés dans cinq ans. Dans une métairie de 40 hectares de terres arables, ce serait un déboursé de 4,200 fr., réparti sur cinq années. Les récoltes auront bientôt payé cette dépense.

Il est une autre amélioration bien importante que nous conseillerons aux propriétaires, c'est le marnage. La marne agit par le carbonate de chaux qu'elle contient. On évalue à 3 p. %₀ la quantité de carbonate de chaux suffisante pour la couche arable. Pour savoir quelle proportion en contient la marne dont il peut disposer, le cultivateur devra la faire analyser. Le nombre de mètres cubes de marne à employer par hectare sur une couche arable de 21 centimètres d'épaisseur dépendra de cette proportion de carbonate de chaux. Il se trouve indiqué dans le tableau suivant :

Lorsque 100 parties de marne contiennent en carbonate de chaux,	Nombre de mètres cubes nécessaires à une couche arable de 21 centimètres
10.....	650
20.....	323
30.....	216
40.....	162
50.....	127
60.....	107
70.....	93
80.....	81
90.....	70

Tous les cultivateurs connaissent aujourd'hui les merveilleux effets du plâtrage sur les prairies artificielles. Nous n'avons pas besoin de le leur recommander : 2 hectol. $\frac{1}{2}$ à 3 hectol. par hectare suffisent.

ADOPTION DE CES RÉFORMES PAR LE MÉTAYER.

Tel est l'ensemble des améliorations qu'on peut introduire dans le métayage, dans les circonstances données. Maintenant voyons s'il sera possible de les faire adopter par le métayer. Je dois d'abord supposer le propriétaire fermement convaincu de l'utilité des procédés qu'il propose à ses gens, et les comprenant bien ; car si sa foi est chancelante, et s'il n'a sur tout cela que des idées incomplètes et mal arrêtées, à la première objection de son métayer il sera embarrassé et mollira. Dès lors tout sera fini, et la routine triomphera. Ensuite je conseillerai au propriétaire de ne recourir à l'autorité qu'en désespoir de cause, mais de procéder par voie de conseil et de persuasion, d'être en un mot patient et persévérant. Maintenant prenons une à une les difficultés de l'entreprise.

Parlons d'abord de l'assolement. En général on a remarqué que c'est l'innovation à laquelle les métayers répugnent le moins. Car, lorsque les propriétaires ont voulu introduire l'assolement triennal, dont nous avons parlé, qui réduit cependant la sole des céréales de la moitié au tiers, ils ont presque toujours trouvé des métayers disposés à l'admettre. En effet, ceux-ci connaissent fort bien les avantages d'une prairie artificielle, et s'ils n'en sèment pas, c'est que le propriétaire veut les faire concourir à l'achat de la graine, quelquefois même la leur faire payer tout entière. Mais si vous faites seul cette avance, ils en sèmeront autant que vous voudrez. L'assolement que nous avons proposé a l'avantage de se rapprocher beaucoup de l'assolement biennal ; il réduit la sole des céréales, non pas à un tiers du domaine, comme l'assolement de trois ans, mais aux deux cinquièmes ; en sorte que dans la réalité on n'enlève au blé qu'un dixième de la contenance totale du domaine. Cette fraction sera insignifiante aux yeux du métayer, qui d'ailleurs sait très-bien que les deux cinquièmes de l'exploitation convertis en fourrage compenseront largement ce léger sacrifice, et qu'après une prairie artificielle de deux ans, il aura de beau blé. Tous les colons, avec qui nous avons raisonné sur les avantages de ce système, les ont parfaitement appréciés, et nous déclaraient qu'ils s'y soumettraient sans hésitation, si le maître voulait pour les deux premières années leur acheter la graine. Ils comprenaient que cette masse de fourrages permettrait de doubler le nombre des bestiaux, et que le maître consentant encore à faire l'avance du capital nécessaire pour cela, il en résulterait une grande augmentation dans les profits de grange et dans la quantité de fumier produite. Nous invitons les propriétaires à soumettre un plan semblable ou analogue à leurs colons, sans afficher la prétention de le leur imposer, mais en paraissant seulement les consulter, et nous sommes certain qu'il sera goûté.

Pour les instruments nouveaux la tâche sera plus

difficile. Il n'est pas de paysan, qui ne soit capable d'apprécier la perfection du travail exécuté par une bonne charrue; mais il n'avouera pas la supériorité de votre instrument sur le sien. Il voudra même vous prouver immédiatement le mérite de son travail, il se mettra à sa charrue, y emploiera tout son savoir-faire, pèsera sur le mancheron de tout le poids de son corps, et arrivera essoufflé au bout du sillon. Gardez-vous bien de dédaigner son travail, reconnaissez au contraire qu'il est bon; mais réservez-vous de lui démontrer plus tard la supériorité du vôtre. Comme ceci est du ressort des yeux, il la reconnaîtra à part lui, mais il ne l'avouera pas encore, parce qu'il a pour repousser votre instrument une raison, qu'il vous dira peut-être, et que voici : c'est qu'il craint de ruiner ses bœufs à ce métier. C'est là la vraie, l'unique objection. Car vous savez que dans nos contrées, les métayers achètent de jeunes bœufs de deux ou trois ans, pour les revendre à quatre ou cinq. Ils les ménagent beaucoup pendant tout ce temps, afin de pouvoir les revendre avec profit; c'est là leur spéculation, spéculation désastreuse; car, pour ménager les bœufs, on sacrifie le travail. Ce sont les récoltes qui paient ainsi les profits de grange. Mais si vous avez adopté un assolement, qui lui promette des fourrages abondants, s'il voit qu'avec cette ressource il pourra avoir de nombreux élèves, et engraisser l'hiver les vieux bœufs de travail, que vous substituerez à ses attelages trop jeunes, il aura bientôt compris que votre mode de spéculation est plus largement conçu que le sien, il l'adoptera sans peine. Pourvu d'un fort attelage capable de conduire la charrue, et ne comptant plus que sur l'engraissement pour en tirer parti, il ne répugnera plus tant à se servir de votre instrument. Cependant, s'il n'était pas parfaitement convaincu, il faudrait temporiser, en n'exigeant l'emploi que d'une charrue, et le limitant même à 2 ou 3 hectares, qui seront seuls soumis au nouveau système, et qui seront votre champ d'expérience pour le labourage à billons larges, pour l'emploi de la herse et de l'extirpateur. Quant à ces deux derniers instruments, nous savons par expérience qu'ils ont toujours plu de prime abord aux métayers. Lorsque votre colon aura vu par lui-même, sur le champ d'essai, le bon effet des menues cultures préparatoires, la rapidité du travail, mais surtout la promptitude avec laquelle s'exécutent les semailles; lorsqu'il se sera assuré que le blé ne souffre pas de l'humidité sur les billons plats, qu'un guéret profond favorise sa végétation, et surtout celle des prairies artificielles, il se montrera bien plus docile l'année suivante, et je serai bien trompé s'il ne consent pas à étendre à tout le domaine l'application de vos procédés. L'unique charrue qui fonctionnera la première année sera confiée à un jeune homme, le plus intelligent de la métairie, auquel on fera envisager le choix que l'on fait de lui comme une distinction flatteuse. Ses camarades, stimulés dans leur amour-propre, voudront prouver qu'ils ont autant d'adresse que lui, s'essaieront à la charrue, et réussiront indubitablement. La conduite de la charrue une fois bien connue, l'instrument triomphera seul, par la supériorité de son travail, de la répugnance qu'il avait d'abord inspirée. Nous avons eu à lutter contre ces difficultés, et nous les avons surmontées. Notre métayer est si bien convaincu aujourd'hui de la supériorité des nouveaux procédés de culture, que non-seulement il ne les abandonnerait pas pour revenir aux anciens, mais qu'il saisit toutes les occasions de faire de la propagande parmi ses confrères.

Les autres améliorations de moindre importance que nous avons indiquées seront admises sans de grandes difficultés, à l'exception peut-être du fauchage des céréales, pour lequel, comme nous l'avons dit, il est indispensable de faire venir un faucheur étranger, qui enseignera à vos gens le maniement de la faux. Quant aux fossés couverts, les métayers se prêteront avec empressement à leur exécution, parce qu'ils connaissent déjà depuis longtemps les bons effets de ces sortes de travaux.

CONCLUSION.

Tel est l'ensemble des moyens par lesquels nous croyons qu'on peut obtenir avec la culture par métayers, des résultats égaux à ceux que produit le fermage dans d'autres contrées. Si l'on considère que les Écossais avec leur seul système d'assainissement sont parvenus dans ces dernières années à doubler presque les produits d'une culture déjà très-perfectionnée, ne peut-on pas espérer atteindre le même but en opérant sur une culture aussi arriérée que la nôtre? mais pour cela il faut le bon vouloir des propriétaires. Ils accusent sans cesse l'ignorance et l'obstination de leurs métayers, pour justifier leur propre apathie. Pour nous, nous croyons que les obstacles aux améliorations viennent à peu près autant des propriétaires que de leurs colons. S'il y a chez ceux-ci aveuglement et routine, il y a chez les premiers apathie; mais surtout répugnance invincible à faire la moindre avance. Le propriétaire qui peut disposer de quelque argent aimera mieux arrondir son domaine que l'améliorer. Il agit ainsi par faux calcul d'abord, et ensuite par vanité; plus il a de terre au soleil, plus il est satisfait dans son amour-propre. Voilà, il faut le dire, une des principales causes du mal que nous signalons. Tant que ceux qui possèdent le sol ne comprendront pas que l'argent le mieux placé est celui qu'on confie judicieusement à la terre; qu'agrandir un domaine au lieu de l'améliorer, c'est satisfaire sa vanité aux dépens de son revenu; qu'enfin l'occupation la plus relevée et la plus attrayante à la fois est celle qui tend à féconder le sol, et qui concourt ainsi à l'accroissement de la richesse et de la puissance nationale. Tant que ces choses-là ne seront pas comprises, il faudra désespérer de tout progrès.

OBSERVATIONS MÉTÉOROLOGIQUES

FAITES A LA FACULTÉ DES SCIENCES DE BORDEAUX

Par M. ABRIA.

OCTOBRE 1842.

JOURS du mois.	9 H. DU MATIN.		MIDI.		3 H. DU SOIR.		9 H. DU SOIR.		TEMPÉRATURE.	
	Baromètre à o°.	Therm. extérieur.	Baromètre à o°.	Therm. extérieur.	Baromètre à o°.	Therm. extérieur.	Baromètre à o°.	Therm. extérieur.	Maxima.	Minima.
	mm		mm		mm		mm			
1	765,11	13°00	764,96	16°55	764,57	18°27	765,26	12°60	19°2	8°0
2			63,18	17,80					20,2	9,8
3	58,29	15,55	57,65	18,65	56,75	16,25	56,35	13,55	19,0	9,9
4	56,99	13,60	57,55	15,92	57,65	16,37	60,75	12,30	17,0	12,4
5	64,11	12,57	64,43	15,42	64,33	15,20	65,76	12,27	15,8	11,0
6	66,11	12,32	65,47	15,82	64,70	17,45	65,21	12,02	18,0	9,2
7	65,53	12,17	64,97	16,82	63,85	18,80	66,48	12,05	19,2	8,5
8	65,08	12,47	64,50	17,02	64,37	17,85	65,88	11,07	18,3	7,5
9	67,74	12,40	67,30	17,95	66,69	20,40	67,53	12,85	21,0	7,2
10									18,9	7,5
11	66,06	14,10	65,37	18,55	64,83	19,60	64,87	15,17	19,8	8,0
12	63,48	15,40	62,75	18,22	61,79	17,97	62,58	12,00	19,8	13,0
13	63,11	10,60	62,61	13,57	62,08	15,05	64,17	10,30	15,0	8,0
14	65,74	8,92	64,91	13,27	64,53	14,80	66,55	9,40	15,0	6,0

15	66,63	8,55	65,35	13,20	63,20	15,46	64,65	7,85	16,0	4,5
16			63,43	14,40					16,0	2,5
17	60,94	10,17	59,44	16,40	57,96	18,22	56,80	11,02	19,0	3,7
18	53,80	12,70	52,23	17,15	50,79	19,55	48,59	14,42	20,8	9,0
19	49,33	12,12	50,19	12,40	50,39	11,20	52,77	9,00	13,4	11,2
20	57,44	7,55	58,30	10,82	58,76	11,20	61.20	7,00	12,1	5,4
21	61,21	7,45	60,32	12,70	60,30	11,82	61,68	8,00	12,7	4,2
22	64,19	7,45	63,91	9,02	62,54	10,12	59,47	6,25	11,0	4,5
23			50,69	11,37					14,0	6,2
24	50,03	8,12	52,44	8,22	53,94	8,70	59,24	6,80	11,0	6,2
25	62,55	8,82	61,71	13,65	59,98	13,95	59,14	9,40	14,8	4,7
26	59,77	8,80	59,71	12,67	60,18	13,90	61,84	8,85	14,8	6,0
27	68,46	7,90	67,98	11,45	67,81	12,15	66,96	5,35	14,0	4,2
28	60,25	5,82	59,32	10,37	58,20	10,90	56,97	5,60	11,8	2,9
29	54,60	7,55	54,17	8.40	52,97	9,07	52,45	8,22	9,5	5,0
30			63,52	9,90					11,5	7,1
31	70,44	6,32	69,91	10,90	69,11	12,55	68,80	8,42	13,0	3,0
MOYENNE DU 1er au 10	763,62	13°01	763,34	16°88	762,86	17°57	764,15	12°34	18°66	9°10
11 au 20	760,73	11,12	760,46	14,80	759,37	15,89	760,24	10,68	16,69	7,13
21 au 31	761,28	7,58	760,33	10,79	760,56	11,46	760,73	7,43	13,81	5,40
Moy. générale.	761,88	10,57	761,38	14,16	760,93	14,97	761,71	10,15	16°39	7°21

Pluie dans le mois............ 72ᵐᵐ,9.   Température moyenne du mois........... 11,8o.

NOVEMBRE 1842.

JOURS du mois.	9 H. DU MATIN.		MIDI.		3 H. DU SOIR.		9 H. DU SOIR.		TEMPÉRATURE.	
	Baromètre à o°.	Therm. extérieur.	Baromètre à o°.	Therm. extérieur.	Baromètre à o°.	Therm. extérieur	Baromètre à o°.	Therm. extérieur.	Maxima.	Minima.
	mm		mm		mm		mm		mm	
1	766,44	8°25	765,65	13°85	764,12	15°60	762,70	7°40	16°0	3°0
2	61,64	9,50	60,75	15,92	60,85	14,35	61,22	8,00	16,5	5,5
3	58,63	7,37	58,17	8,87	56,77	10,02	56,40	8,80	10,3	5,2
4	58,23	6,07	59,07	8,70	60,22	6,25	62,33	3,40	9.1	5,8
5	64,02	2,02	63,00	4,92	62,72	5,72	62,54	4,00	6,0	0,8
6	60,15	0,62	59,83	1,47	60,33	3,22	62,32	0,35	3,8	0,0
7	62,56	-0,77	62,42	2,07	62,51	0,45	63,96	-0,42	2,0	-2,7
8	64,13	-0,75	64,05	0,60	64,05	0,71	65,75	-0,60	1,2	-1,4
9	64,69	-2,35	63,57	1,25	62,69	2,55	62,79	-1,60	3,0	-4,5
10	60,02	-0,55	58,27	4,42	56,35	6,67	54,75	4,60	7,2	-3,0
11	53,55	7,15	51,92	10,72	50,82	14,90	52,46	12,00	15,0	4,0
12	57,06	12,22	57,81	13,35	58,41	12,95	60,78	8,80	14,5	10,9
13	63,74	8,40	62,97	12,80	62,15	14,20	62,37	12,55	15,2	6,5
14	64,34	14,00	63,99	14,37	64,46	14,87	64,18	12,40	15,0	10,7
15	62,86	12,10	62,44	14,50	61,95	14,70	62,00	12,80	15,1	10,2

16	60,00	11,80	59,77	12,62	59,90	12,10	60,20	9,60	13,4	10,5
17	56,90	11,40	59,75	12,00	63,00	10,00	68,40	5,67	12,2	8,2
18	72,67	1,02	74,11	4,00	74,13	5,15	75,60	1,95	5,7	0,1
19	74,13	1,07	73,08	5,67	72,28	8,27	71,03	3,05	8,9	-0,8
20			64,04	12,30					12,5	3,2
21	52,55	11,12	53,72	12,20	54,35	13,20	57,50	9,20	14,0	10,0
22	56,60	11,12	55,29	12,70	·54,99	12,20	56,04	10,20	12,6	8,4
23	58,94	8,60	57,48	11,75	54,64	11,15	51,05	9,20	12,2	7,0
24	50,40	9,72	51,17	11,55	50,75	9,65	48,28	8,40	11,9	8,1
25	47,58	7,80	48,65	11,35	47,95	10,40	44,48	7,20	11,5	6,6
26	43,28	6,85	44,63	9,67	46,03	8,45	51,27	6,30	10,3	5,5
27	47,85	7,70	46,03	10,85	43,68	11,27	42,11	10,40	11,5	5,0
28	42,31	11,60	45,65	14,57	50,30	10,57	55,37	8,80	15,6	9,7
29	55,67	6,95	53,22	10,87	52,87	8,97	54,27	8,92	10,9	5,0
30	62,70	8,40	63,34	11,65	63,84	12,50	66,66	8,00	12,5	6,2
MOYENNE DU 1er au 10	762,05	2°94	761,48	6°21	761,06	6°55	761,48	3°39	7°51	0°87
11 au 20	762,80	8,79	762,99	11,23	763,01	11,90	764,11	8,76	12,75	6,35
21 au 30	751,79	8,99	751,92	11,72	751,94	10,84	752,70	8,66	12,30	7,15
Moy. générale.	758,88	6°91	758,80	9°72	758,67	9°76	759,43	6°94	10°85	4°79

Pluie dans le mois.............. 122^{mm},6.   Température moyenne du mois.............. 7,82.

DÉCEMBRE 1842.

JOURS du mois.	9 H. DU MATIN.		MIDI.		3 H. DU SOIR.		9 H. DU SOIR.		TEMPÉRATURE.	
	Baromètre à o°.	Therm. extérieur.	Baromètre à o°.	Therm. extérieur	Baromètre à o°.	Therm. extérieur	Baromètre à o°.	Therm. extérieur.	Maxima.	Minima.
	mm		mm		mm		mm		mm	
1	768,86	5,65	769,26	10,90	768,46	12,65	768,46	8,60	13,0	4,2
2	66,52	7,90	65,92	11,10	65,04	12,47	65,04	12,47	13,0	5,5
3	66,17	8,32	69,56	6,70	69,06	9,90	69,79	11,40	11,9	4,5
4			71,00	6,35					8,9	0,3
5	70,33	1,45	69,08	7,90	68,03	11,90	67,63	8,55	12,6	-0,4
6	66,13	9,00	65,78	10,80	66,07	11,33	65,81	6,50	11,7	6,5
7	67,15	7,27	67,07	9,22	76,77	9,60	66,93	8,20	9,5	5,2
8	67,30	5,80	67,10	7,10	66,67	7,32	68,50	6,50	7,4	4,9
9	69,30	5,06	68,80	6,45	68,23	9,45	67,70	4,80	9,8	4,9
10	67,00	6,77	66,30	9,15	65,60	8,20	65,41	6,55	9,2	3,9
11			63,31	8,67					11,2	3,3
12	66,50	9,60	66,11	12,22	66,05	12,62	66,94	9,45	13,8	8,2
13	65,94	7,20	64,97	11,25	64,77	12,80	65,70	8,42	13,0	6,1
14	66,90	7,42	66,32	11,25	65,97	13,00	66,26	9,00	13,0	5,3
15	67,95	7,52	67,51	11,52	67,26	12,90	68,66	7,95	13,1	6,2

16	69,53	4,20	68,95	8,80	69,16	11,27	70,13	5,00	11,8	3,2
17	70,84	2,10	71,28	5,10	70,65	8,52	71,70	7,20	8,9	1,5
18			72,83	11,72					12,3	6,0
19	77,43	3,40	77,08	5,00	75,74	6,97	76,51	2,95	7,1	2,0
20	78,29	1,80	78,54	3,40	78,54	4,20	79,52	3,00	4,7	0,3
21	78,51	3,32	77,48	5,12	76,03	6,77	75,60	5,57	6,9	1,8
22	74,00	7,15	72,98	9,42	71,83	9,80			10,4	5,4
23	62,49	6,42	60,29	7,20	58,54	9,90	56,75	8,00	8,1	6,1
24	58,95	5,60	59,35	7,20	59,80	7,62	62,52	2,20	8,3	5,4
25	64,28	−1,30	63,50	2,50	63,25	5,15	64,28	−0,20	5,7	−2,0
26	63,62	0,30	61,87	2,12	59,81	5,00	59,22	3,20	5,5	−2,1
27	55,17	1,40	54,87	8,30	54,39	8,00	58,92	4,20	9,8	1,0
28	65,47	2,40	66,62	6,35	68,08	7,20	71,71	3,00	7,7	0,5
29	75,85	−0,40	75,65	3,50	75,81	6,65	77,45	3,00	7,0	−0,9
30	78,51	4,45	78,51	8,25	77,81	9,30	78,73	7,00	9,5	2,3
31	77,81	6,60	76,36	9,22	75,38	8,87	74,26	7,00	9,9	6,0
MOYENNE DU 1er au 10	767,64	6,36	767,99	8,57	768,21	10,31	767,25	8,17	10,70	3,93
11 au 20	770,42	5,40	769,69	8,89	769,77	10,28	770,68	6,62	10,89	4,21
21 au 31	768,60	3,27	767,95	6,29	767,34	7,66	767,94	4,30	8,07	2,14
Moy. générale.	768,89	5,01	768,54	7,92	768,44	9,42	768,62	6,36	9,89	3,43

Pluie dans le mois................ 16^{mm},7.   Température moyenne du mois........... 6,66.

TABLE DES MATIÈRES

DU QUATRIÈME TRIMESTRE 1842.

—